名家写名人

文豪武将 辛弃疾

朱自强 ◎ 主编
李东华 ◎ 著

中国和平出版社
China Peace Publishing House

图书在版编目（CIP）数据

文豪武将辛弃疾 / 李东华著. -- 北京：中国和平出版社，2021.7
（名家写名人 / 朱自强主编）
ISBN 978-7-5137-2036-6

Ⅰ.①文… Ⅱ.①李… Ⅲ.①辛弃疾（1140-1207）-传记-青少年读物 Ⅳ.①K825.6-49

中国版本图书馆CIP数据核字(2021)第082617号

名家写名人 文豪武将辛弃疾　　朱自强◎主编　李东华◎著

策　　划	林　云
责任编辑	张春杰
设计制作	弯　弯
封面绘画	王　光
内文插图	红　糖
责任印务	魏国荣
出版发行	中国和平出版社（北京市海淀区花园路甲13号院7号楼10层 100088）
	www.hpbook.com　hpbook@hpbook.com
出 版 人	林　云
经　　销	全国各地书店
印　　刷	凯德印刷（天津）有限公司
开　　本	710mm×1000mm　1/16
印　　张	8.75
字　　数	76千字
印　　量	1～5000册
版　　次	2021年7月第1版　2021年7月第1次印刷
书　　号	ISBN 978-7-5137-2036-6
定　　价	25.00元

版权所有　侵权必究
本书如有印装质量问题，请与我社发行部联系退换 010-82093832

序言

作家给孩子们的阅读礼物

朱自强

在儿童的课外读物中,传记文学应该是一种十分重要的门类,具有特殊的重要价值。新的《语文课程标准》已经用较为宽阔的视野,看待提高语文能力的过程,建议小学阶段的语文课外阅读量不少于145万字。那么小学生(包括初中生)的语文课外阅读读什么?当然主要是阅读儿童文字,而传记文学正是儿童文学中特殊的、重要的一种文类。

进入给儿童的传记文学的传主一般需具备这样一些条件。他们在某个领域有相当的成就、贡献;他们的生命历程具有波澜曲折;他们应该具有富于魅力的个性和独到的见解。这样的传主经过具有人生经验和智慧,富于文学才华的作家立传,无疑会给儿童读者以积极的影响。利丽安·史密斯就说:"阅读历史和传记能够矫正短视的人生观。当孩子意识到自己生活的时代,只是从人类在这个地球上诞生之始到未知的将来这一漫长旅途上的一小段路程,就会产生了解其他时代、其他国度的生活的愿望。这样的阅读给予孩子内省的观点,帮助孩子学会鉴别只有一时价值的事物,学会全面的思考方法。"可以说,与一般的小说阅读相比,传记文学对儿童的成长具有更大、更深刻、更直接的影响。

孩子们阅读传记，除了求知，更希望汲取伟人的经验，来开辟自己的人生道路，为自己设定高远的奋斗目标，一本优秀传记可以让儿童的阅读生活更加快乐；同时，一本传记改变一个人一生的事例也是屡见不鲜。

传记对于儿童的精神成长具有如此重要的价值，而目前书店书架上众多的传记作品，在文学性和儿童性这两个方面还存在着很多问题。传记是文学，给孩子们阅读的传记，则应该是优秀的儿童文学。艺术性、思想性、趣味性应该成为儿童版传记所不能或缺的要素。

由中国和平出版社出版的"名家写名人"传记文学丛书，是给孩子们的一份珍贵礼物。为了打造一套高质量、高品位的儿童传记文学丛书，同时也为儿童文学的一个重要文类积累优秀成果，我特别邀请了汤素兰、程玮、格日勒其木格·黑鹤、薛卫民、徐鲁、王一梅、李东华、薛涛、李学斌、鲁冰、周晴、张洁、董恒波、余雷、管家琪、爱薇、刘东、林彦、北董、侯颖、郝月梅、顾鹰等儿童文学知名作家为孩子们创作传记，还邀请了庄志霞、赵庆庆、周宛润等作家加盟创作队伍。可以毫不夸张地说，迄今为止，在国内儿童版的传记丛书中，这样强大的优秀儿童文学作家的阵容还从未出现过。这些作家的人生智慧和艺术才华，给这套传记丛书提供了优良的品质保证，也使目前传记文学的创作，实现了艺术质量的提升。

这是作家给孩子们的一份阅读大礼。希望这些书籍成为孩子们成长道路上的良师益友。

导读

文韬武略辛弃疾

李东华

你一定听说过苏轼吧?他是"唐宋八大家"之一,北宋词坛豪放派的代表作家。

你一定听说过岳飞吧?他是著名的抗金英雄,精忠报国的故事千载流传。

有一个人,他文,不逊于苏轼,武,不输于岳飞。这个人就是辛弃疾。像辛弃疾这样文武兼备的奇才,中华上下五千年,估计也找不出几个,这就怪不得有人夸他是"人中之杰,词中之龙"了。

辛弃疾从小熟读儒家经典,遍览各家兵书,是个学富五车的书生。不过,他绝不是"两耳不闻窗外事,一心只读圣贤书"的书呆子,也不是肩不能挑、手不能提的文弱书生。

——二十二岁,他拉起一支两千人的队伍,起兵反金。

——打马狂奔八十里,只身追杀盗走起义军军中大印、投敌求荣的义端。

——带五十人闯入金营,在金兵眼皮子底下,闪电般生擒叛徒张安国，并策动一万多士兵起义，归附南宋。

这些传奇故事的男主角都是同一个人——辛弃疾。据说连皇帝赵构听说了他的事迹都忍不住点头赞叹。

辛弃疾不但能驰骋疆场，上马杀敌，同时还是个军事战略家。他上书皇帝的《美芹十论》，上书宰相虞允文的《九议》，都对当时金、宋两国军事、政治形势进行了分析，显示了他卓尔不群的军事才能。

大诗人陆游曾经在一首诗中提到，辛弃疾的书架上插着足有万卷的图书。你只要看看他的词作中，众多历史典故顺手拈来的气度，就知道这万卷书绝不是摆在那里假充门面的。辛弃疾留给后世六百二十九首词作，是留下词作数量最多的宋朝词人。

辛弃疾还是一位爱民如子的好官员。南归之后，他历任湖北、江西、湖南、福建、浙东安抚使等职，虽遭排挤，但他每到一处，都能兴利除弊，关心老百姓疾苦，整顿社会秩序，使得百姓生活有了明显改善。

但由于南宋朝廷的苟且偷安，辛弃疾光复故国的雄心壮志难以实现，他的治世之才也没有得到充分的展现。但是他的英雄气概，他备受打击却终身不改的爱国热情，他在文学上的盖世才华，千百年来受到了一代又一代人的景仰。

这本书里会讲很多故事，这些故事将带领我们去领略辛弃疾悲壮而又精彩的一生。

目录

第一章 生逢乱世早立志 / 001

第二章 两去燕京探敌情 / 008

第三章 只身拍马捉叛徒 / 015

第四章 壮岁旌旗拥万夫 / 025

第五章 《美芹十论》和《九议》/ 034

第六章 兴建滁州有妙计 / 042

第七章　扑灭茶商起义军 / 051

第八章　为民请命上奏章 / 059

第九章　整"乡社"建飞虎军 / 066

第十章　隆兴荒政救灾民 / 075

第十一章　带湖退居鹅湖会 / 082

第十二章　绍熙再出谒朱熹 / 095

第十三章　起帅浙东欲抗金 / 103

第十四章　皇上召见别陆游 / 111

第十五章　男儿到死心如铁 / 121

第一章
生逢乱世早立志

山东历城（今山东省济南市）郊区一个叫四风闸的地方，这里地处小清河畔，风景秀丽宜人。公元1140年5月28日清晨，云霞满天，一轮太阳从东方喷薄而出。一户姓辛的人家，一位须发皆白的老者正在院子的一角练剑。不一会儿，他停下手中舞动的宝剑，擦一擦额角的汗，平稳一下呼吸，心想：自己真是"廉颇老矣"，刚练这么一小会儿，就浑身汗津津的了。毕竟是年岁不饶人啊，这样的体格，如何能带兵打仗？看来，把金兵赶出去，恢复北宋故土的心愿是无法亲自去实现了，想到这里，一阵凄凉之感油然而生。

这时，从梧桐树掩映下的雕花木窗里，

突然传来"哇——哇——"的一阵响亮的婴儿啼哭声。侍女满脸喜悦地跑来报喜:"少夫人生了,是一位小官人!"

"哦!是个男儿!"老者听后高兴地点点头,自己未竟的事业终于后继有人了……这位老者名叫辛赞,而那位在曙光中呱呱坠地的小男孩,看上去和普通婴儿没什么两样,不过,他长大之后,却成了我国历史上著名的民族英雄和旷世文豪。他,就是南宋的辛弃疾。辛赞是辛弃疾的爷爷。

在古代,人们除了"名"之外,还有"字"和"号"。辛弃疾起初字"坦夫",后来改为"幼安",别号"稼轩居士"。你可能看到过"辛弃疾""辛幼安""辛稼轩"这三种不同叫法,其实都是指同一个人。宋代另一位著名词人李清照,也是山东历城人,因她的号是"易安居士",因此,后人也把她和辛弃疾并称为"济南二安"。

从"弃疾""坦夫""幼安"几个名字中可以看出,辛弃疾的家人和普天下父母一样,都希望自己的孩子能够平平安安、没病没灾地度过一生。但异族入侵,国土沦丧,家乡风光虽美却已被敌人的铁蹄践踏。这个动荡不安的年代注定了他的一生不可能平坦、安稳。

辛弃疾,父母早亡,从小由爷爷带大。辛赞见孙儿相貌俊朗,聪明伶俐,觉得是块可以造就的好材料,对他十分喜爱，无论到哪里做官，都把孙儿带在身边。从小，爷爷就教导辛弃疾要好好读书、练武，长大了收复被金国侵占的领土。

一天，年幼的辛弃疾手拿一卷诗集，来到爷爷的书房向爷爷请教，没想到，平时坚强的爷爷正暗自垂泪。辛弃疾吃惊地问："爷爷！你怎么啦？"

辛赞抬起衣袖，拭掉眼泪，说："'靖康之耻'没有一日不压在爷爷的心头，让爷爷寝食难安！"

"什么是'靖康之耻'？"辛弃疾问道。

辛赞看看辛弃疾，欲言又止："你年纪实在太小，说了你也听不懂，等你大些，我再讲给你听。你记得要好好读书，用功习武，长大了把金兵从我们的土地上赶出去。"

辛弃疾却要求爷爷一定得讲。辛赞拗不过，便讲述了那段不堪回首的历史。

原来，北宋末年，我国东北地区的女真族日益强大，建立了金国。金国灭了辽国之后，又开始打北宋的主意。靖康元年（1126年），金军入侵北宋。因为北宋王朝腐败无能，只知道投降求和，所以，金军一路攻城略地，如入无人之境。这年冬天，金军一举攻下了北宋的都城汴梁（今河南省开封市），不但俘虏了几千名王公贵族，就连北宋的两个皇帝宋徽宗赵佶和他的儿子宋钦宗赵桓也一并成了阶下囚。北宋朝廷

虽然懦弱，但经济上是很富庶的，金军搜刮了不计其数的金银财宝。次年4月，金军连人带物，一同带回了金国。你想想，连皇帝都让人家给俘虏了，天底下还有比这更耻辱的事吗？这就是宋朝历史上的"靖康之变"。抗金英雄岳飞在《满江红》里写道："靖康耻，犹未雪。臣子恨，何时灭！"其中的"靖康耻"指的就是这个事件。就这样，风雨飘摇的北宋王朝屈辱地走向了灭亡。

1127年5月，宋钦宗的弟弟赵构在宗泽等文武大臣的护卫下，在应天府（今河南省商丘市）即位，历史上称为南宋。赵构和他的父亲、哥哥一样患有"恐金症"，幻想割地求和。可是金国却想彻底灭掉宋，于是继续攻打南宋。宋高宗赵构一路仓皇南逃，后定都临安府（今浙江省杭州市）。这期间，金国不断进军南宋。就在辛弃疾出生这一年，金国又派几十万大军，分四路进攻南宋。

辛弃疾出生的时候，山东已经被金军占领。辛赞对辛弃疾说："金兵来了之后，很多人都已向南逃难。我也想带着全家人南迁，可是，我们家人口这么多，上上下下、老老少少，估计等不到过淮水，一家人都得饿死在路上，不饿死也得惨死在金兵的铁蹄之下。没办法，就只能眼睁睁地受金国统治了，你知道爷爷心里有多难过吗？"

的确，辛赞是一位爱国的士大夫，可是，为了养家糊口，他不得不在金朝当官，他曾经当过亳州谯县县令、开封府知府。这对于辛赞来说，自然是他一生最为痛苦的事情了，他一直过着"身在曹营心在汉"的生活，一直希望有一天能够起兵反金。现在，他把这种希望全都寄托在了辛弃疾的身上。

辛弃疾虽然年纪尚小，却成熟早慧，非常理解爷爷的一片苦心。他暗下决心，自己不但要好好读书，还要在爷爷的指导下，好好练剑，好好习武，等长大了带兵把金军杀个片甲不留！

辛赞常常带着小小年纪的辛弃疾去爬山，登高望远。他们登临山顶，天空很晴朗，天际闲闲地飘浮着几朵白云，周围的树木郁郁苍苍，景色十分秀美。

"真美啊！"辛弃疾欢欣雀跃地说。

面对着大好河山，辛赞的脸色却很沉痛。

"爷爷，你为什么很不高兴的样子？"辛弃疾问道。

辛赞紧紧地握住辛弃疾的小手，指指远处的村庄，告诉辛弃疾，当初，金兵怎样对那里的村民烧杀抢掠，一个原本鸡鸣狗吠、祥和安稳的村庄，怎样在瞬间变成尸骨遍野、血流成河的废墟。他告诉孙儿，在金人统治下的汉族人民，根本不可能得到和女真族同样的待遇。金人如果欺负了汉人，汉人去告状，官府总是偏向金人，汉族老百姓只能忍气吞声。如果汉人和金人种的田地挨在一起,金人会毫不客气地霸占,据为己有,汉人也无处讲理,只能打落牙齿往肚子里咽。金人仗着官府的包庇,偷汉人的牲畜、粮食,无恶不作。可是到了打仗的时候,金朝就征集汉人服兵役,到前线去流血卖命。

辛赞指着远方,仔细地告诉辛弃疾哪些地方曾经是战场,哪些地方可以做军事要塞。最后,他说:"金兵杀了我们那么多的百姓,侵占我们的土地,我们和金国有不共戴天之仇啊。我真想亲自带兵去攻打金军,可是,爷爷老了,你要记住,等你长大了,一定要把金兵赶出去。"

为了鼓励辛弃疾,辛赞拿出了辛氏家族的族谱,讲起了辛氏祖先的不凡业绩。他说:"我们家族历来就多武将。我们辛氏家族本是狄道(今甘肃省定西市临洮县)人。狄道,在秦汉时属于陇西郡,那里靠近羌人,民风本来就英勇善战。在西汉的时候,我们的先辈辛武贤、辛庆忌就以勇猛闻名四方,他们分别当过破羌将军和左将军。唐代的辛云京,在唐玄宗时官至北京都知兵马使、代州刺史。你本是将帅的后代,长大了也要像先人那样勇敢善战。"

就这样,在爷爷的谆谆教诲下,爱国主义的种子悄悄地在辛弃疾心里扎根了,而且越来越牢固,影响了他以后的人生选择和人生历程。

第二章
两去燕京探敌情

辛赞知道，光有空洞的心愿是无济于事的，要想报效国家，就必须先认真学习。他很重视对辛弃疾的培养，一直想给辛弃疾找个好老师。恰巧，他当亳州谯县县令的时候，亳州有位能文善诗的先生叫刘瞻，学问人品都很受人敬重。辛赞就把辛弃疾送到刘瞻那里去学习。辛弃疾跟随刘瞻学习儒家经典，"四书""五经"烂熟于心。

辛弃疾从小天资聪颖，过目成诵。他很小的时候，随祖父住在汴京，曾经到皇宫玩耍，对宫苑里的亭台楼阁、花草树木熟记于心。几十年后，当他作词回忆至此时，一切仍历历在目，可见他的记忆力是非常出色的。

辛弃疾才华出众，随刘瞻学习不久就声名远播。在同学中，学习最出色的当数他和党怀英。虽然他比党怀英小七岁，但学问见识却并不比党怀英差，二人被称为"辛党"。

辛弃疾和党怀英是无话不谈的好朋友，他俩常常一起读书，一起外出游览，曾经一同游览泰山。两个人一样地风华正茂，但是两个人的志向却大不相同。辛弃疾一直牢牢记着爷爷的嘱托，他博览群书，苦练本领不是为了谋求个人的荣华富贵，而是为了有一天能够实现反金复宋，救人民于水火之中的梦想。而党怀英呢，却恰恰相反，只是一味贪求名利。于是，这对少年时期的好朋友，在他们成年之后，却分道扬镳了。辛弃疾南归，一生都在为抗击金国，恢复故土的大业奔忙。党怀英则留在了金朝做官。据说，在辛弃疾决定南归之前，曾经请党怀英一同喝酒聊天。席间，两个人算了一卦，党怀英得"坎"卦，辛弃疾得"离"卦，所以党怀英决定留在金国，而辛弃疾决意要归附南宋。这当然只是无稽之谈，两个人截然不同的选择，是他们不同的人生志向决定的，和算卦没什么关系。

党怀英的文采不在辛弃疾之下，他曾经是金代的文坛盟主，而且多才多艺，除诗词外，书法也曾得到"独步金代"的美誉。但是，千年之后，他已渐渐被历史和后人所遗忘，而辛弃疾却得到世世代代的景仰。现在，在辛弃疾故里四风闸这个小村子的西南角，有一块三亩大小的土地，八百年来四风闸的老百姓从来不在这上面耕种，因为这里是辛弃疾家的祖坟！尽管，到今天，村里只剩下任、韩、孟、王、吕等姓氏，已没有辛家的后代，但这里一代又一代的村民都自动地守护着辛家的坟地，称这里是"辛家坟"。

所以说，党怀英文章写得再好，官做得再大，因为没有气节，所以只能拥有一时的盛名和荣华富贵。而辛弃疾这位民族英雄却因为他强烈的爱国情怀而永远被人们铭记。辛弃疾能文善武。他十四岁的时候就在乡试中中举。这样，他十五岁时就有了到金国首都燕京（今北京市）考进士的机会。辛赞非常高兴，动身之前，他把辛弃疾叫到跟前，说："这次机会太宝贵了。你去燕京，不单单为了去求取功名，你一路上一定要认真地观察各处的地形、地势，记下来，到了燕京，多多打探金国的情况，熟悉敌情。这样，你以后和他们作战的时候，就能够做到知己知彼。"

辛弃疾虽然才十五岁，却已熟读兵书，才识过人，胆大心细，更以天下为己任，壮志满怀。《孙子兵法》他都不知道在如豆的灯光下读过多少遍了，几乎可以背诵下来。他听了爷爷的嘱咐，朗声答道："爷爷说得极是。《孙子兵法》里说过'知己知彼，百战不殆'。孙儿一定谨记爷爷的教诲，尽量多带些情报回来。"

辛弃疾辞别了爷爷之后，踌躇满志地踏上了进京赶考之路。因为担负着这样的重任，十五岁的少年辛弃疾不再是个只会"子曰诗云"，手无缚鸡之力的白面书生，他更像一个我们今天所谓的"地下工作者"。虽然他并不是南宋朝廷派来的，也不拿国家一分一毫的俸禄，可是出于一颗爱国之心，辛弃疾自动地承担起了为国为民分忧的重担。一路上，他风餐露宿，顾不上休息，处处留心观察，用心记忆。

此行他目睹了在金国的统治下，中原民不聊生的惨状，这更加强了他抗击金国的决心。

古人云：读万卷书，行万里路。在去燕京之前，辛弃疾博闻强识，学富五车，这次的远行机会，更是开阔了他的视野。他的胆识，已远远地超过了同龄人。

不过，这次辛弃疾考试未中。三年之后，他又一次进京，和上次一样，表面上他是去赶考，实际上是借机考察金国政治、经济、军事等方面的情况，为以后的起义做好充分准备。

这一年，辛弃疾十八岁，已经是一个身材魁梧、英俊潇洒的青年了，他性情豪爽又细致缜密，文武兼修，经验和见识比三年前要老到很多。两次燕京之行令辛弃疾受益匪浅。以至于几年之后,当辛弃疾带兵出战之时,他派出的打听全国情况的密探一点儿都骗不了他。密探回来一描述,辛弃疾立刻就能听出他们是真去还是假去。两次燕京之行,已经让辛弃疾对金国的山川地貌、经济军事了如指掌。

不幸的是,就在这一年,辛赞去世了。辛赞一生的愿望就是看到南宋能够收复旧河山。可是,这个愿望到死都没有实现,成了他最大的遗恨。临终前,辛赞的床边站满了家人,可他独独握住了辛弃疾的手,久久地看着这个孙儿。此时的他已经说不出话了。可是辛弃疾懂得爷爷的心思,他知道爷爷想说什么。性格坚强的辛弃疾这个时候也忍不住流下热泪。他哽咽着说:"请爷爷放心,孙儿一定会去完成爷爷没有完成的抗金心愿。"辛赞知道这个孙子不是凡人,虽然他年纪尚轻,可他是个能干一番大事业的人。爷爷朝辛弃疾点点头,既遗憾又满意地闭上了眼睛。

辛赞去世后,1161年,金主完颜亮调集了大批军队,再次和宋军开战。金军所到之处,自然又是血流成河、尸横遍野。河南、河北、山东的汉族老百姓再也忍受不了连年征战,忍受不了金国沉重的赋税,他们纷纷揭竿而起,抗击金兵。这一次起义队伍特别多,大一点儿的队伍占据了相邻的若干

城池；小一点儿的队伍占山为王；也有一些队伍，只有几十号人，扬起一杆旗帜，起义反金，金军见了也不敢靠近。

这一年，辛弃疾二十二岁，他在济南以南的山区里，组织起一支两千多人的队伍，从此走上了反金复宋的道路。

第三章
只身拍马捉叛徒

辛弃疾从小熟读兵书,他知道,要打败金兵,光靠自己的一腔爱国热情是远远不够的,还必须要有一支骁勇善战的队伍。而自己手下才区区两千多人,和金兵较量,无疑是以卵击石。因此,起义不久,辛弃疾就带着队伍投奔了耿京。

耿京是个什么人?居然能让志存高远的辛弃疾心甘情愿地投奔?其实,耿京只是一个农民,一个大字不识的农民。当时,耿京率领着一支在山东地区影响很大的起义军,他自称"天平军节度使",手下有二十多万人。人数虽多,但大都是些被金国逼得活不下去的老实巴交的农民,像辛弃疾这样的知识分子还真是凤毛麟角。一个学富五车的青年才俊，要听命于斗大字都不识一个的农民，在很多人看来，这真有点儿不可思议。但是辛弃疾一心想抗金复宋，只要对方有这个能力，管他是什么出身，他都愿真心诚意地辅佐。在封建时代，人们的等级观念很强，士大夫阶层往往羞于和农民阶层往来，仿佛那样，自己的身份也变得低贱了一般。但辛弃疾心里装着经天纬地的大事业，他不计较这些名分。

耿京看辛弃疾相貌英俊、身材魁伟，年纪轻轻却有胆有识，便立刻喜欢上了这个年轻人，对他十分信任，任命他为"掌书记"，负责起草军中的战书文告，同时还掌管着军中大印。

辛弃疾一点儿也不计较官职的大小，一心一意帮耿京办事。那个时候，为了扩大起义军的规模，耿京手下的将领们都分头招人。这一招儿挺灵的，起义军的人数不断地扩大。辛弃疾自然也积极物色合适人选。

不久，辛弃疾告诉耿京，济南附近有一支起义军，有一千来人，首领是一个名叫义端的和尚。义端懂兵法，和自己是很谈得来的好朋友，自己可以去说服他，把他发展到队伍中来。这自然是扩大军事力量的好事，耿京派辛弃疾去联络义端。

很快，义端在辛弃疾的劝说下，归附了耿京。

义端是辛弃疾的老相识，又是辛弃疾亲自发展到队伍中来的，两个人的关系自然是非同一般，常常在一起喝酒聊天。这天晚上，两个人又在一起纵论抗金大计。义端口才了得，说起来一套一套的，口若悬河，滔滔不绝。辛弃疾是性情中人，听到酣畅淋漓处，少不得大碗喝酒，大口吃肉，一直喝到酩酊大醉，沉沉睡去，就连义端什么时候走的他都不知道。

下半夜，沉睡中的辛弃疾被冻醒了。睡梦中的军营一片寂静。辛弃疾望望帐篷外面的月亮，下弦月孤零零地挂在天空，一丝寒意沿着他的脊梁骨上升，他禁不住打了个寒战。辛弃疾下意识地感到发生了点什么。他首先望了望存放大印的宝箱，不看则已，一看不禁大惊失色。

箱子大开着，大印却失踪了。而自己身上开箱子的钥匙也不见了。辛弃疾急忙唤人去义端的住处找他，看他在不在。不一会儿，去的人回道，根本找不到义端的人影。

大印一定是义端给偷走了。因为他是这天晚上唯一接近辛弃疾的人，况且他人又不见了，明摆着是畏罪潜逃。

原来这家伙今晚来喝酒是别有用心，就等着把辛弃疾灌醉了，然后从容下手，不费吹灰之力就把大印偷到了手。想到这里，辛弃疾忍不住两眉倒竖，双目圆睁，紧握拳头，心

想：都怪自己年轻没经验，看不透人心险恶，错把小人当朋友，被义端欺骗了。只道是他和自己一样，抱定了一颗抗金的心，没想到他却心藏狡诈。自己真是引狼入室，又怎么对得起对自己如此信任的耿京……真是早知如此，何必当初，现在已悔之晚矣。

辛弃疾是一人做事一人当的好汉，发生了这样的大事，他立刻禀报耿京，说明原委，等候处罚。

耿京听后，自然大怒，劈头盖脸地骂辛弃疾："义端是你招来的，我看你和他是狼狈为奸！"然后，不容辛弃疾分辩，他朝两旁的士兵一招手，说："按军法论处，把他拖出去斩了。"

士兵正要动手，辛弃疾朝他们一挥手："慢！我还有话要说。"

然后，他向耿京抱拳作揖："发生了这样的事情，我死不足惜，只是，就算我死了，大印追不回，义端抓不到，我死不瞑目。您能否给我三天的时间，如果到期我还是抓不到义端，追不回大印，我甘愿受死！"

耿京听后，觉得他说得有理，再说，等他的一腔怒火慢慢消了，觉得把这么优秀的年轻人一刀给斩了，确实有点儿可惜。他犹豫着不知该如何处理。

这时候，他旁边的心腹谋士们却七嘴八舌地议论开了。有人说:"你一个整天跟笔墨打交道的人，如何能把义端给抓回来？义端可是有两下子功夫的，你辛弃疾还是一个嘴上无毛的毛头小伙子，耍耍嘴皮子可以，真刀真枪打起来，你行吗？你只是给自己找个逃跑的借口罢了。"

有人说他本就是和义端串通一气的，现在如果让他去找义端，那不等于把网里的鱼儿放回水里吗？他摆摆尾巴就溜走了。到时候到哪里去找他？不如快刀斩乱麻，一刀砍下他的头，杀鸡给猴看，让士兵们看看当叛徒的下场是什么。

营帐里的空气又陡然紧张起来。辛弃疾命悬一线，大家都紧盯着耿京的双唇，只要耿京轻轻地吐出一个"杀"字，那么辛弃疾立刻就会人头落地，他那一腔的爱国热情和无尽的才华，也就因为误交了一个损友，而永远化为乌有，落得个可悲可叹的下场。气氛紧张到了令人窒息的程度。辛弃疾却是一派泰山崩于前却面不变色的气度，静候耿京发落。

耿京虽然是几十万人的统帅，但本质上毕竟是个善良的农民，而且他是赏识辛弃疾的，看着他英气逼人的外表，想到他的才华，耿京怎么也不忍心杀了他。耿京想了想，最终还是力排众议，点头同意了辛弃疾的请求，愿意让他戴罪立功，再给他一次生路。

从耿京的帐中走出的辛弃疾脸色分外凝重。话说说容易，要去做却很难。天地如此之大，要找到义端，岂不是大海捞针？此时，耿京的军队驻扎在山东章丘一带，往西不出百里就是金军大营。辛弃疾断定，义端肯定是揣着大印投奔金军去了，他一定会向金兵统帅告密，把他在起义军中打探到的情况全部出卖给敌人，然后换个一官半职，如不是为此，他偷走大印又有何用？

义端走了已有一个时辰，如果再不追赶，等他进了金兵的军营，事情就难办了。想到此，辛弃疾身佩宝剑，手攥长枪，跨马向西奔去。此时，月亮已西斜，离天亮已经不远了。

辛弃疾一口气打马狂奔了八十里。天色渐渐亮起来，终于，在一个山口，辛弃疾看到前面有个人影，很像义端。他呼地出了口气——自己猜测得果然不错，这个奸细原来真是要到金营卖友求荣去！

辛弃疾一抖缰绳，快马加鞭，喊声："驾！"马蹄嘚嘚，一阵疾跑就赶上了义端。辛弃疾把马在义端眼前一横，大吼一声，说时迟，那时快，还没等义端醒过神来，辛弃疾手中的剑已经指向义端的喉咙。

正在做着当官发财美梦的义端，看着从天而降的辛弃疾，一时竟然反应不过来。待他慢慢清醒过来，吓得哆哆嗦嗦，

马上跪地求饶。义端是个诡计多端的人,这个时候,除了求辛弃疾放他一马,还能有什么别的办法呢?他眼珠骨碌一转,计上心头,觉得辛弃疾是他的老朋友,多向他说两句奉承话,或许他就不忍心杀自己了。于是,他又鼓噪起自己的三寸不烂之舌,一个劲儿地向辛弃疾灌迷魂汤:"我知道你的真相,你原本是一只青兕(sì),你力大无比能杀人,不过,求求你看在我们过去的交情上,把我放了吧!"

"兕"就是犀牛的意思。义端说辛弃疾本是一头勇猛的犀牛,向辛弃疾大拍马屁,妄想垂死挣扎。辛弃疾没有想到,这个平时满口民族大义、自己平日引以为知己的人,到了生死关头,居然是个贪生怕死的胆小鬼。义端的胡诌,让辛弃疾更加看清了他的真面目,愈加地瞧不起他了。

辛弃疾气咻咻地说:"你这样的叛徒,还有何面目活在世上?"说着,他不肯再和义端废话,手起剑落,当场砍下义端的头,带上失而复得的大印,马不停蹄往军营赶去。据说,在回程的路上,辛弃疾和马都没有喝过一口水。太阳渐渐升高了,晒到人身上火辣辣的。人困马乏,他感到饥渴难耐。让人无奈的是,这一年济南一带天旱无雨,周围没有村庄。河道都是干涸的,布满黄土的道路上,马蹄扬起的滚滚尘土,呼到鼻子里,更让人感到燥热难耐。干渴难熬的辛弃疾，看到路旁山崖上到处都光秃秃的，唯有一道石缝间有一簇青青的草，嫩绿葱郁。他心里一动，拿过马背上的一杆枪，朝着那草丛一枪戳了进去。那山崖都是岩石，辛弃疾势大力沉，一枪就扎进了石头里，他连拔数次都拔不动，于是就气运丹田，猛力一拔，枪出来了。这时，奇迹出现了，一股清澈的泉水顺势喷出。辛弃疾手捧泉水畅饮起来。啊！泉水特别的甘甜清冽！

后来，人们为了纪念辛弃疾这位民族英雄，就把这眼泉叫作"枪杆泉"。这眼泉在山东历城柳埠镇的桃科水库东约两百米的东峪北崖崖下。澄澈的泉水至今四季流淌，似乎是在无言地诉说着英雄的故事。

再说，追回大印的辛弃疾一回到军营，就引起了全军的轰动。以前，人们以为辛弃疾只是个能起草文书的一介书生，这一次，他只身追杀义端，让大家看到他还是个能上马杀敌的武将。

这下子，耿京非但没有治辛弃疾的罪，反而更加信任他、器重他。凡是军中遇到大事，耿京都愿意和辛弃疾商量，请辛弃疾出主意，辛弃疾说话，耿京也特别能听得进去。

第四章
壮岁旌旗拥万夫

前面已经说过，1161年9月，金主完颜亮率领几十万大军攻打南宋。可是，连年的战争，不但逼得汉族的老百姓揭竿起义，就连金国的老百姓也受不了了。到后来，连金军的部将都不想再打下去了。可是完颜亮一意孤行，非打不可。这就引来了杀身之祸。11月，完颜亮被厌战的部将杀死。这样，完颜雍就接替他做了金国皇帝。完颜雍比完颜亮要狡猾得多。他看到自己的军队作战情绪不高，战斗力不强，就一面跟南宋议和，一面在北方使用招抚和镇压两种手段，企图瓦解北方抗金的起义军。完颜雍这一招果然管用，一些起义军队伍就这样一个个被招安或击破了。耿京率领的队伍虽说是人多势众，但独木难支，单独和金兵对抗，仍然显得势单力薄。何去何从便成为摆在耿京面前的一个最大的难题。

这段日子，辛弃疾常常听耿京长吁短叹。问明情况后，辛弃疾感到心头一喜。辛弃疾内心一直有南归的心愿，现在，不正好是说服耿京归附宋廷的最佳时机吗？他马上向耿京献计说："为了抗金，咱们一定要和朝廷取得联系，南北呼应，万一咱们在这里待不住，也可以把人马拉到南边去。"

耿京一听，觉得这是个好主意。说干就干，他马上叫来起义军的都头领贾瑞，让他作为代表，带人到建康（今南京市）去面见宋高宗赵构，说明归附之意。贾瑞在起义军中的地位很高，仅次于耿京，不过，他是个不识字的大老粗，既不懂得朝见时的礼节，更不懂得怎么和朝臣对答。他面露难色，跟耿京说："到了朝廷以后，皇帝、宰相或者其他大臣们问我话，我也不知道该怎么回，如果要去，我必须带一个有文化的人去。"

耿京一听，觉得很有道理，起义军中最有学问的当然就数辛弃疾了，况且这个事情也是辛弃疾提议的，于是，他就派辛弃疾跟着贾瑞一起去。

1162年的正月中旬，贾瑞、辛弃疾带着十几名随员，经过长途跋涉，终于平安到达了建康。朝廷上下，听说山东的义军派人来归附，自然是十分开心的。宋高宗也很高兴，当天就在行宫里召见了他们。辛弃疾和贾瑞上得朝来，贾瑞果然拘谨少言，而辛弃疾虽然年纪尚轻，却从容不迫、落落大方。他向宋高宗宣读了由他自己代义军起草的奏章。奏章自然写得文采斐然，听得皇帝连连点头。辛弃疾还报告了北方义军的抗金情况。

宋高宗马上行赏，授予耿京"检校少保"的官衔，并正式任命他为天平军节度使，授予辛弃疾"右承务郎"。事情交接完毕后，朝廷派他们回山东去，向耿京传达朝廷旨意。

没想到任务完成得如此顺利、圆满。贾瑞和辛弃疾高高兴兴地离开建康回山东去了。可是，他们走到海州（今江苏省连云港市）的时候，一个不幸的消息如同晴天霹雳，惊倒了众人。

耿京，被部下张安国给杀了。

张安国何许人也？他和耿京有何深仇大恨，必欲杀之而后快？说来话长，在说张安国之前，必须先说说金国的形势。完颜雍当了金国皇帝后，眼看位子坐得不稳，此起彼伏的起义军让他大伤脑筋，他不得不使出怀柔的招数，下了诏书，安抚老百姓，凡是那些当了强盗小偷的或者因为逃避官府徭役,迁到别的地方去居住的,都可以回到原籍,继续种地过日子,无论原先犯下多大的罪过,现在都既往不咎。

普通的老百姓虽然也有爱国之心,不愿意被侵略者统治,但是,为了过日子也只能忍辱偷生,只要官府剥削得不是那么严重,他们忍一忍也就过去了。起义军里的成员多数是农民,他们当初起义的初衷也不一定是要恢复故国,而是被官府逼得过不下去了,才揭竿而起的。现在金国这一道诏书下来,让很多人动摇了,放弃了,扔掉手中的刀枪,回老家种地去了。在这种情况下,起义军就出现了分化的情况。一部分人,比如河北的王友直、王任,开封的王世隆等,先后带着队伍投奔了宋廷;另一部分人就顺应金朝的诏谕,放下武器回家种田去了;还有一部分人,不讲气节,投敌求荣,就像被辛弃疾杀死的和尚义端一样,先是积极起义,后来却投靠金人,当了叛徒。张安国就是这样一个人。

张安国是山东一支小起义军的首领,由耿京节制。当初,在归附宋廷的奏章上,张安国也是签了名的。不料金朝官府加紧诱降活动之后,向他许诺,只要他投降就给他官做,更给他金钱无数。张安国在金钱和权力面前变节了。为了金人的赏赐,他和耿京手下的另一个部将邵进勾结起来,趁着耿京没有防备,闯进他的营帐,把他给杀了。

耿京死了之后，大部分义军不愿意听张安国的，不想跟他投降金国，就纷纷逃跑回老家去了，剩下的一部分，被张安国和邵进挟持着归顺了金国。金人论功行赏，让张安国当上了济州（今山东省巨野县）的知州。

辛弃疾听到这个消息后，又气又急。他跟众人说："我是主帅耿京派来归附朝廷的，现在却发生这样的大变故，主帅被杀了，队伍没有了，我拿什么向朝廷交代？"

辛弃疾和当地的将领京东招讨使李宝以及统制官王世隆商量，一定要抓到叛贼张安国，一是要为耿京报仇，二是向朝廷有个交代。辛弃疾这种想法一说出来，就有很多精忠爱国的志士愿意随他一同前往。这样，辛弃疾、王世隆及义军马全福等五十人，一起骑马向济州奔去。而当时济州的金军驻兵有五万之众。

辛弃疾等人到了济州官府时，张安国正在里面大宴宾客，请金将吃饭呢。他们正吃得酒酣耳热，忽有人来报，说辛弃疾和王世隆到。张安国一听又惊又疑，他早就听说王世隆已经归附宋廷，辛弃疾不用说，此时肯定也是在南边没回来呢，这两人怎么会突然到这里来？还没等他回过神来，辛弃疾和王世隆等人已经闯了进来。

兵贵神速。辛弃疾没等他反应过来，已经如老鹰捉兔一般，迅速地扑到他跟前，手中的刀一下子就抵到了他的脖子上。喝得烂醉如泥的金将们一个个都吓得醒过酒来，不过他们也不敢轻举妄动。辛弃疾和弟兄们拿出绳子，把张安国来了个五花大绑，劫持到马上，拉出衙门。

这时，济州的驻兵听到风声赶到了。他们当中很多人就是原先耿京的部下。见辛弃疾满脸威严，大家一时没人敢动手。辛弃疾不慌不忙，大声对那些士兵们说："兄弟们，金人屠杀我们的同胞，我们为什么还要替他们卖命？我们已经去面见了皇上，皇上派出的十万大军，马上就要到这里了，不想为金国卖命送死的，请跟我来吧！"

毕竟，没有多少人愿意当叛徒，这些士兵大多数都是被张安国逼迫投敌的，现在被辛弃疾这么一号召，立刻有上万人愿意跟他走。

虽然说抓到了张安国，而且一下子又拥有了一万人的队伍，但是，辛弃疾知道，一旦等金将回过神来，回去组织了大军来追赶，那么，他们都将死无葬身之地。因此，他和王世隆带领着队伍，策马狂奔，昼夜不休息，就连吃饭也顾不上。直到渡过了淮河，才放下心来，安营扎寨休息。

果然不出辛弃疾所料，和张安国同席饮酒的金将们回去后立即组织人马追赶。无奈辛弃疾的人马先行一步，怎么追

都不见他们的踪影，金将们也只能望着南方，徒唤奈何了。

辛弃疾押着张安国，先是到了建康，后来又到了南宋的首都临安。宋廷经过审理，判了张安国死刑，推到刑场斩首示众。

这件事一下子就轰动了南宋朝野上下。从老百姓到皇帝本人，无不点头赞叹。你想想，宋朝这个王朝多年来是多么窝囊啊，不是被辽国欺负就是被金国欺负，要不就是挨西夏的打，总之，边境总是没有宁日。而且多半打不过人家，打不过就拿出大量的财物甚至土地向人家俯首称臣，割地求和，作为一个泱泱帝国的面子真是丢尽了。更不用说被金国俘虏两个皇帝，占去大半江山，那更是亘古未有的奇耻大辱。南宋子民的内心，得有多大的难以愈合的创伤啊！就在这个时候，忽然听得有这么一个人，只带了五十个人，就勇闯五万人的敌营，在敌人的眼皮子底下，从容不迫，活捉叛徒，还策反了一万人起义。说起来真是如同神话一般让人不敢相信。那些贪生怕死、懦弱胆小的人，听说了这件事，也无不勇气倍增。就连知道敌人来了往南逃窜的皇帝赵构，也连连点头夸赞。

直到晚年，辛弃疾还经常回忆起自己青年时代起义反金，率众南归的经历。他曾经写过一首词《鹧鸪天·有客慨然谈功名，因追念少年时事，戏作》，描述的就是这次活捉张安国的故事。这首词的上阕是这么写的：

> 壮岁旌旗拥万夫，
> 锦襜突骑渡江初。
> 燕兵夜娖银胡䩮，
> 汉箭朝飞金仆姑。

就在辛弃疾南下那一年，当了三十多年皇帝的宋高宗感到当皇帝也挺没意思的，于是，他就宣布退位，由他的侄儿赵昚（shèn）接替皇位，这就是宋孝宗。

第五章
《美芹十论》和《九议》

宋孝宗和宋高宗志向不同。当宋孝宗还是皇子的时候,他就暗暗立志要恢复失地,报仇雪耻。他登基后第二年把年号改为"隆兴",很有重振国威的意思。他驱赶朝中投降误国的秦桧的党羽,为岳飞平反昭雪;重用主战派的首要人物张浚,任命他为枢密使,都督江淮军马,谋划北伐。这个时候,辛弃疾正任江阴签判,签判是个八品小官。辛弃疾听说了朝廷要与金军作战,十分兴奋,不顾自己官职低微,立刻去求见张浚,向他当面陈述自己的用兵想法。

辛弃疾以他对金军的了解,提出了分兵击敌的办法。他慷慨激昂地跟张浚说:"据我观察，金贼每次调动军队都很慢。以我之计，不如我们兵分几路，一路进军关陕，一路到西京，再派一路到淮北。金军必然也调动军队到关陕、西京和淮北。这样，他们其他地方的防御必然虚弱，我们准备几万精锐部队，乘虚而入，攻入山东，把敌军首尾割断，他们必然来不及调遣，等他们救援的军队赶到，我们已占牢山东，和当地的起义军联合起来，再据此进攻中原、河北。"

张浚听后，客气地回绝道："这主意很好，不过我掌管不了全国的军队，没办法实行。"他没有采纳辛弃疾的建议。当时，宋孝宗虽然有锐气、有志气，但根本没有充分的准备，没有长远而清晰的军事战略，宋孝宗所选用的张浚，也不是个很会用兵的统帅。区区一个江阴签判献上的计策，他根本不会放在眼里。

1163年四月，北伐就这样仓促地开始了。张浚任命李显忠、邵洪渊为正副主帅分两路进军，占领了灵璧、宿州（今安徽省）等州县。就在战争出现了好势头的时候，李显忠和邵洪渊却不团结起来。邵洪渊嫉妒李显忠的战功，两个人之间发生了矛盾。五月底，十万金军压境，李显忠带兵迎敌，邵洪渊却按兵不动，不予支援，还煽动士兵说："大热的天儿，坐着都热得喘不上气来，还打什么仗呢，都到凉快的地方休息去吧。"

主将既然这么说,他手下的士兵们自然不会去卖命。孤军作战的李显忠节节败退,在符离(今安徽省宿县附近)被金军追上,宋兵打了个大败仗,这就是有名的"符离之战"。这下子好了,朝廷里那些主和派又蠢蠢欲动起来,宋孝宗是个禁不起挫折的人,一次失败就吓破了胆子,生怕再打下去,金兵一路攻过来,自己可就皇位不保了。因此他命人赶紧去金国求和,还把主和派的汤思退召回来任命为右丞相。

张浚非常着急,他觉得胜败乃兵家常事,希望皇上继续用兵,并且迁都建康,这样有利于督军北上。宋孝宗左耳朵灌满了主和派的投降论调,右耳朵全装着主战派坚持用兵的主张,听着双方都有理,一时摇摆不定,不知道是进是退、是战是和。

朝廷上,主和派和主战派吵翻了天。主和派说现在缺兵少粮,哪有能力打仗?如果迁都建康,金军一旦打进来,连跑都不好跑。汤思退干脆给宋孝宗上了一道奏章,骂张浚夸夸其谈,要求打仗根本是想为自己赚个好名声。最后,在主和派的连篇累牍的攻势下,宋孝宗的战斗意志全部崩溃了,李显忠、邵洪渊被贬官,张浚被降职,宋廷不得不选择和金国议和,好不容易开始的北伐事业就这样草草了结。

把抗金当作人生头等大事的辛弃疾,看到宋廷重又陷入低迷状态，自然是看在眼里，急在心头。你一定知道杜甫的"感时花溅泪，恨别鸟惊心"这一诗句吧？当一个人内心被伤痛的情绪所笼罩的时候，哪怕是绚烂的花朵、婉转的鸟鸣都能让人伤感落泪。辛弃疾就处于这种状态中。北伐失败，对他的打击非常大。这是1164年春天的某一天，辛弃疾一个人闷坐在书房里读书。窗外的江南，花红柳绿，景色很美，但是，辛弃疾看到风雨袭来，枝头曾经娇艳的花朵，现在落红满地，一片狼藉，想起国事，不禁悲从中来，提笔写下了《满江红·暮春》：

家住江南，又过了清明寒食。花径里一番风雨，一番狼藉。红粉暗随流水去，园林渐觉清阴密。算年年落尽刺桐花，寒无力。

（节选）

虽然词作表面上写的是对暮春时节，花朵在风雨之中凋零的伤感、惆怅的情绪，但实际上寄寓了词人对北伐失败的伤痛之情。

辛弃疾在江阴签判的任上干了三年。1164年秋，他改任广德军（今安徽省广德县）通判。他利用公务之余的闲暇时间，写下了著名的《美芹十论》，这是他关于如何抗金的深入思考。1165年（乾道元年）年初，他直接把《美芹十论》呈给了宋孝宗。在进美芹十论的札子中，他表达了自己因为对恢复大业充满了信心，所以才不顾身份低微，越级上奏。他觉得虽然符离之战失败了，但到底显示了宋军的士气，朝廷不可因为一次挫败便放弃整个恢复大业。朝廷要有"雪耻酬百王，除凶报千古"的勇气。

《美芹十论》的前三篇为《审势》《察情》和《观衅》，主要详细论述了金国的优势和劣势。辛弃疾认为，虽然金国地广、人多、兵众，貌似很强大，但实际上是外强中干，宋廷不应该被吓倒。首先是金国统治阶级内部争权夺利很厉害，政权并不稳。其次，金国虽然军队众多，但因为军心涣散，调度起来并不容易。最后也是最重要的一点就是，金国虽然占据了大片宋的土地，但生活在这些土地上的子民，因为受到金国的残酷剥削，他们还是很思念故国，反对金国统治的，一旦宋金在这些地界上交战，毫无疑问，老百姓是一定会向着宋军的。而民心向背又是战争能否最终取胜的最关键的因素，所以宋廷应该有最后战胜敌人的信心。

在接下来的七篇中，辛弃疾向宋廷提出了决策的建议。在《自治》篇中，他提出，首先要破除宋弱金强的谬见，要迁都建康，不再给金国交纳岁币，如此才能打击敌人的气势，鼓舞宋军的士气。在《守淮》篇中，他认为要守住长江，必先守住淮河，要把兵力有重点地分布在淮河的要塞，这样才不会害怕金兵来犯。而打仗必须要粮草先行，没有饭吃，让士兵饿着肚子打仗是不行的。因此，为了保证军粮，辛弃疾在《屯田》《防微》篇中提出，让那些从北方来投奔宋廷的老百姓，在江淮之间耕种田地，朝廷要给他们房子、农具、种粮和牲畜，让他们一边种田，一边进行军事训练，这样，闲时他们就是农民，等战事一起，他们放下锄头，拿起刀枪就变成了士兵。而在《致勇》《久任》篇中，辛弃疾则指出如何用将相的问题。在最后一篇《详战》中，他论述了如何对金用兵的策略问题。在这个问题上，他的战略思想和前面他和张浚当面陈述的用兵之计，基本是一致的。

虽然辛弃疾的进言，未必会被宋廷采纳，但是，他的才华还是引起了宋孝宗的注意。1168年，辛弃疾被朝廷任命为建康府的通判。1170年，宋孝宗于延和殿召见了辛弃疾。宋孝宗问他："你在国防军事方面，有什么建议吗？"

能被皇上召见，说明自己的主张得到了重视，看来皇上还是有抗金复宋的决心的，因此，辛弃疾十分激动，他纵论天下形势，把自己在《美芹十论》中提出的御敌思想，又详尽地说了一遍。辛弃疾为人耿直，一点儿也不考虑自己说得

如此直率，会不会得罪朝中的主和派。

宋孝宗听后，沉思一会儿，点点头说："你的意见，朕会好好考虑。你还有什么别的想法吗？不妨讲出来，让朕听听。"

辛弃疾说："我有几次路过江北淮南地带，发现这里防守力量太薄弱了，而且居住的人口也少，金兵很容易攻过来，影响长江流域的安全，所以必须严守淮南。守淮必须依靠老百姓，要把那里的老百姓武装起来，没有战争的时候，他们可以耕田，一旦发生战争，他们就是一支很好的军队。"

宋孝宗听后，虽然什么话也没说，但辛弃疾还是受了很大鼓舞。被召见之后，他马上被任命为司农寺主簿（司农寺是掌管朝廷的粮仓、户籍田地和园林等事物的机构），虽然官儿并不大，辛弃疾还是非常振奋，很快写出《九议》，呈送给当时的宰相虞允文。《九议》对宋、金军事力量的对比，对声东击西、出兵山东的用兵策略等，都作了更为具体详尽的论述。虞允文是位力主抗金的宰相，当时名震一时，辛弃疾非常佩服他。不过，虞允文并没有采纳辛弃疾的建议。此后，辛弃疾又两次上疏朝廷，提出严守淮南的迫切性，也没有得到朝廷的重视。

不过，虞允文还是知人善任的。1172年（乾道八年）春，他任命辛弃疾为滁州（今属安徽省）知府。

第六章
兴建滁州有妙计

滁州位于长江和淮河之间,地理位置非常重要。金军侵扰南宋时,常常是先攻破滁州,然后再继续进军。

不过,在南宋统治者的心中,滁州不过是一个偏僻的边境之地,只要金军来犯,这里必定遭殃,所以,谁也不愿意到这里当官,谁也不会考虑要在这里加强防御,因为他们根本没有辛弃疾的深谋远虑。

辛弃疾南归之后,担任的官职多为辅官。这是首次独自掌管一州事务。加上滁州地处宋、金边境,自己又在《美芹十论》《九议》以及上疏朝廷的奏疏中,反复论述严守淮南的重要性,所以,别人不愿意来的滁州,在辛弃疾眼里，却是能够实现自己政治主张的好地方。

辛弃疾走马上任。当他来到滁州城，眼前的景象竟然比想象中的还要残破得多。想当年，欧阳修曾当过滁州的太守，写下了千古传颂的散文名篇《醉翁亭记》，记述了滁州周围山色的秀丽俊美。当欧阳修离开滁州的时候，他在诗歌《别滁》中这样描写滁州的美："花光浓烂柳轻明。"可是，自金兵入侵，连年战事，每次滁州都是首当其冲，俗话说，祸不单行，屋漏偏遭连阴雨，从1168年到1171年，滁州连遭水旱灾害，连绵的战火和持续的天灾让昔日繁华的滁州变成了一座废墟。辛弃疾举目四望，瓦砾遍地，到处是死气沉沉，听不到一声鸡鸣和狗叫。滁州，变成了一座死城。那些幸运活下来的人，随便找些茅草和芦苇，在瓦砾旁盖起简陋的茅草屋和苇棚，他们平日就住在这样的茅草屋和苇棚里。

一阵风吹过来，辛弃疾身旁的一座茅屋上的茅草被吹上了天，茅屋被吹得摇摇欲坠。这时，从屋里蹒跚地走出一个老婆婆，她面色苍黑，头发花白凌乱，骨瘦如柴。她手里哆哆嗦嗦地拿着一把野菜，走到灶前，所谓的锅灶，就是在茅草屋旁边支起两块砖，上面放个破铁锅而已。她把野菜投进锅里，放上水，煮起来。

辛弃疾下得马来，走到老婆婆跟前，问道："老婆婆，是不是断粮了？"

老婆婆艰难地抬起身子，看他是个官员模样的人，却并不求助，只是冷漠地说："现在是春天，野菜都长出来了，还好些，总算饿不死，冬天才是什么吃的都没有呢。"

黑黢黢的茅草屋里传来了一个孩子的哭声："我饿，我饿！"

辛弃疾听后，轻声问道："孩子的父母呢？"

"死了。儿子被金兵打死了，儿媳妇饿死了，就剩下个孙子，和我这个老婆子熬日子了。"老婆婆说话的时候，眼神很麻木，干瘪的眼窝里并没有眼泪。她的眼泪，早就流光了。

听了这话，辛弃疾默然无语。他让随员从马上取些粮食留给老婆婆救急。

老婆婆接过米袋，一时还反应不过来，因为从来没有官员来过问她的生活，周围的邻居，老老少少，死的死了，活着的也不过在混日子，谁知道哪天就会饿死或者被金兵打死呢？谁会来管他们呢？

老婆婆望着辛弃疾的背影，干涩的眼眶里涌出了泪水，"今天遇到活菩萨了。"她喃喃地说道。

整个滁州城的居民所过的生活都和老婆婆差不多。辛弃疾越看脸色越沉重。想一想宋廷首都所在地临安是一种什么情形吧。到处都是酒楼、茶馆，到处都是笙歌曼舞。在美丽

如画的西湖湖畔，朝廷的一些官员，醉生梦死，花天酒地，不但不把恢复大业放在心上，就连老百姓的死活，他们也不当回事。辛弃疾越来越觉得自己肩上的担子很重，无论如何，要先让老百姓过上安居乐业的生活。

辛弃疾进入官署之后，顾不上休息，日思夜想通过什么措施能够改变滁州的悲惨景象。辛弃疾首先对滁州老百姓的税赋进行了调查。他发现，虽然天灾人祸不断，但滁州老百姓的租赋却同和平年景一样缴纳，如果今年缴不起，就和明年的合并在一起缴。到了辛弃疾上任的时候，滁州老百姓欠下的租赋已经五千八百贯钱。连饭都吃不上，又哪来的钱交租？辛弃疾连夜草拟了奏疏，上奏朝廷，请求朝廷把这笔欠款全免了。经过好几次上奏，南宋朝廷总算批准了他的请求，这样，压在滁州老百姓头上的这笔欠债，总算取消了。

辛弃疾当官，不是坐在官衙里，而是常常到老百姓中间，到处看看，了解民情。这一天，辛弃疾又走到了田间地头。正是春花烂漫的季节，虽然滁州的老百姓生活很苦，但他们还是很辛勤地耕种庄稼。辛弃疾发现，虽然老百姓积极地耕地种田，但还有很多的土地长满荒草，无人打理。

辛弃疾走到一块长满野草的土地旁边，弯下腰，捏起一把土，用手指捻碎了，放在掌心看了看，点头叹道："多么丰腴的土壤啊，却白白这么荒废了。"他走到一位正在锄地的老汉身边，问他："老爹爹，怎么有这么多好地都荒着呢？"

老汉抬起头，擦一把额头的汗水，叹了口气说："家家户户死的死，逃的逃，剩下的人口，还不到原先的十分之四五呢，地再好，也没人种啊。"

辛弃疾听后，点点头，是啊！因为战争和天灾，滁州的人口急剧减少，滁州的大量土地无人耕种，很多都荒芜了。

辛弃疾回到官署，彻夜难眠，一定要想出办法，把那些逃走的农户重新召回来。没过几天，他就让人到处张贴告示，告诉那些迁走的人，只要他们回来种田，就贷给他们钱，帮他们建房子，让他们安居乐业。这样的告示一出，很多背井离乡的人都积极响应。他们远走他乡，本就是去混口饭吃的，现在既然在老家有田种，有房住，思乡心切的他们自然都想回来了。这个消息一传十、十传百，那些逃荒的人络绎不绝地走在了回滁州的大路上。

除了滁州原来的居民，还有很多从金国那边逃过来的老百姓。他们一直也没有得到官府妥善的安置。对于他们，辛弃疾采用古代屯田的办法，分给他们土地、农具、粮食种子、牲畜，让他们平时耕田，闲时练兵。恰好这一年滁州风调雨顺，很多的荒地得到了开垦，滁州的农业，一时间重新兴盛起来。

辛弃疾不但擅长军事和农业,这个才三十多岁的年轻官员,在商业上还很有一套呢。

他刚到时,滁州这样破败,自然没有商人肯来做生意。滁州的商业活动,可以说完全停滞了。为了招徕商户,辛弃疾又想出一个大胆的计策。他命人贴出告示,宣布减少商贩十分之七的税收。这真是个惊人的举措,在滁州经商,居然交税这么少!商人们都是冲着利润而来的,既然在滁州经商能赚钱,那干吗不到滁州去呢?周围城市里的商贩们一听说这个政策,自然都愿意到这里做生意了。可辛弃疾也有他的聪明之处,虽然你交的税少,但做生意的多了,也不愁没有税收。

就这样,滁州政府的税收日渐多起来。有了这笔钱,辛弃疾立刻拿出来,建起了旅店,还建了一个大市场繁荣馆,让来做生意的商人有舒适的地方住,有环境很好的市场进行交易。辛弃疾还用积攒下来的钱,建起了一处供市民闲暇时去游玩的奠枕楼。这下好了,原本破破烂烂的滁州城,现在一下子变成了繁华热闹、风景优美的城市。商人们一看条件这么好,当然都愿意来经商居住了,滁州的商业重新兴旺了起来。

到了这年秋天,辛弃疾到滁州不过才半年光景,但农业上已经获得了丰收。农民们看着颗粒饱满的小麦,知道今年再不用像往年那样忍饥挨饿了,个个笑得合不拢嘴。城市里建起了

大大小小的店铺，他刚到时惨不忍睹的景象一点儿也没有了。

后来，辛弃疾写了一首词《声声慢·滁州旅次登奠枕楼作，和李清宇韵》：

征埃成阵，行客相逢，都道幻出层楼。指点檐牙高处，浪涌云浮。今年太平万里，罢长淮千骑临秋。凭栏望：有东南佳气，西北神州。

（节选）

滁州大街上人来人往的行人，看着奠枕楼高高翘起的檐牙，看着天际飘浮的闲云，都觉得这幢楼简直是幻化出来的。他们擦擦眼睛，再擦擦眼睛，互相询问："这是真的吗？这是真的吗？"昨天还在饿肚子呢，连野菜、树皮都没得吃呢，满地的砖头瓦砾，到处是饿死的人的尸体，无钱掩埋，就那么倒毙在街头。可是今天就能悠闲地站在奠枕楼上，看到街道整齐，人群熙熙攘攘，个个精神饱满。极目远望，正是一派太平景象。

从这首词里能看出辛弃疾喜悦甚至有点儿得意的心情。看着这座谁也不愿意前来的荒城，在自己的手里，变魔术一样，变得生机勃勃，怎能不叫人感到开心呢？

第七章
扑灭茶商起义军

辛弃疾念念不忘的是抗金大业,他没有想到,自己的军事才能首先会被用来扑灭茶商起义军。这事说来话长。首先得说说"茶"。在中国,茶叶很早就成为中国人的一种日常饮用品。为了增加官府收入,宋代的时候,要向茶商征收很高的赋税。茶税太多,不但买茶叶的老百姓嫌茶叶价格高,茶商也抱怨自己赚不到钱,一来二去,茶商们就偷偷地不交税,贩卖私茶。私茶盛行自然影响政府的收入,这样,政府就开始打击贩卖私茶的人。有些茶商不服,就闹起事来。

1175年(淳熙二年)四月,几百个茶商推举赖文政为头,组成了武装队伍,起义了。

他们从湖北南部起事，打到了湖南，把官兵打了个落花流水。等到南宋朝廷知道这件事的时候，茶商起义军已经打到了江西境内。真是外患未平，内患又生。朝廷慌了，命令鄂州和江州（今江西省九江市）两地的驻军，让他们能把起义军杀掉就杀掉，能让他们投降就让他们投降。可是，这两路军马还没来得及行动呢，茶商军早打到广东去了。广东的朝廷军打败了他们。茶商军一看在广东没出路，就又回到江西境内。他们凭着对周围的环境很熟悉，出没于深山老林中，连连打败官兵。朝廷派来的江南西路兵马总管贾和仲，自恃自己有上万的兵力，轻视敌人，在不熟悉地形地貌的情况下，急躁冒进，结果在深山里被茶商军打得找不着北。

朝廷十分恼火，马上撤了贾和仲的职。谁适合去剿灭茶商军呢？这下子南宋朝廷想起那个他们一直不肯重用的辛弃疾了。他们想了想，这个人带兵打仗挺有想法的，好了，让他去管这件事吧。于是，这年的六月十二日，朝廷任命辛弃疾为江南西路的提点刑狱公事，他的职责就是"节制诸军，讨捕茶寇"。

辛弃疾满腹韬略，对付区区几百个茶商军，那是小菜一碟。他一到任上，顾不上休息，先研究当地的地形地貌。侍候他的侍从们都感到很新鲜，他们还从来没见过这样一个官员，一来到官署，就开始研究战事，其他的什么都顾不上。

当辛弃疾觉得一切都已经了然于心的时候，他先调集了赣州、吉州等地大量的乡兵和弓箭手。辛弃疾把队伍拉到沙场上，先把那些老弱病残淘汰掉，只留下那些体格好，英勇善战的，迅速地组成了一支战斗力很强的队伍，然后把这些军队分为几支，分别派往各军事要塞，把住各个紧要关口，截断了茶商军外逃之路。

接着，辛弃疾摆下了酒席，把安福、永新等县的土财主们找来，大宴宾客。这些人都是地方上的头面人物，可是，以前他们很少有机会能够和辛弃疾这个级别的官员吃饭。因此他们都很惊异，不知道辛弃疾葫芦里卖的什么药。

酒过三巡，辛弃疾朝大家作了个揖，说："我知道你们每个人手下都有很多家丁，他们生活在这里，最熟悉山里的地形。现在国家处于危难之时，需要大家同舟共济，共渡难关。因此，我希望得到大家的帮助，把你们的家丁集合在一起，组成敢死队，到山里去寻找茶寇。这既为国家解难，也保障了诸位的家眷和家产的安全。如果国无宁日，相信覆巢之下焉有完卵。"

这些土豪听他说得有理，便纷纷表示支持他。于是，一支支由当地家丁组成的队伍，深入大山和密林，寻找茶商军的踪迹。辛弃疾还准备了备用军队，以便茶商军转移的时候，能够用这部分军队灵活机动地围追堵截。进行了这样的周密安排之后，围剿茶商军的战斗就正式打响了。

茶商军之所以要躲到江西的大山里打仗，靠的就是对深山地形的熟悉，不易被官兵发现。因为地形复杂，就算是被官兵发现了，官兵的一些装备和武器，比如弓箭什么的，近距离之内，也无法应用。因此，官兵们就失去了在平原上作战的优势，常常被茶商军牵着鼻子走。可是，茶商军所拥有的优势，如今官兵也拥有了，而且官兵的人数远远多于茶商军，战斗力和战略思想也远远地超过他们，茶商军的劣势很快就显现出来了。

辛弃疾看到茶商军的气势已经遭到打击，就抓紧派人去进行招降工作。九月，他派自己的亲信去茶商军的队伍，劝诱赖文政投降。赖文政感到自己的队伍已经没有前途了，于是，就亲自来到辛弃疾的住处，投降了。

辛弃疾本想留下赖文政不杀，后又怕其他的茶商效仿，于是果断地杀了赖文政，算是杀一儆百。茶商起义军就此被扑灭了。

关于辛弃疾扑灭茶商起义军这件事，后世一直有不同的看法。其实，我们不能拿今天的眼光去苛责古人。辛弃疾作

为南宋朝廷的命官，出于职责，必须维护朝廷的安全，平定内乱。其实，辛弃疾的内心志向，自然也不在于去打败一支茶商军，他的抱负是和金兵在战场上决一雌雄。可是懦弱的南宋王朝没有给他提供过这样的机会。他卓越的军事才能就这样浪费在平定茶商军这样的事情上了，真是可悲可叹。

辛弃疾在江西提点刑狱任上的时候，曾写了一首词《菩萨蛮·书江西造口壁》，从这首词里，我们可以看出他当时真实的心境：

郁孤台下清江水，中间多少行人泪。西北望长安，可怜无数山。

青山遮不住，毕竟东流去。江晚正愁余，山深闻鹧鸪。

郁孤台位于江西赣州西北部贺兰山顶，因为山势高耸，郁然孤峙，因此得名。在辛弃疾登上郁孤台的四十六年前，在造口发生了一件大事。当时，已占领北方的金兵渡江南下，一路由建康到临安追击宋高宗，另一路从湖北入江西从水路追赶宋高宗的伯母隆佑太后，据说，当隆佑太后一行逃生来到吉州（今江西省吉安市）后，护卫她的兵士已不足百人。

隆佑太后在造口舍舟登陆，逃到赣州。金兵因为没有追上，就退兵回去了。这一路金兵抢掠杀戮，不知有多少黎民百姓在途中丧生。宋朝兵士和老百姓的鲜血曾经染红了郁孤台下的清江水。这一次，辛弃疾站在郁孤台上，望着赣江水默默流过，想起历史上那惨烈的屈辱的一幕，又想到直到今天，很多宋朝子民依旧生活在异族的统治之下，过着水深火热的生活，而南宋朝廷却偏安一隅，不思进取，怎不令他黯然神伤。

　　天阴沉沉的，起风了，辛弃疾的长须在风中飘摇，偶有一两声大雁的啼鸣声在耳边回响。郁孤台下，赣江之水滚滚东流，而这无声流过的江水中，有多少抗金志士的悲壮之泪和逃难百姓的苦难的泪水！而此时此刻，辛弃疾感到自己的年华在不停地流逝，抗金复宋的志向却一天一天地渺茫，壮志难酬。想到这里，他的眼泪不禁簌簌而下，打湿了衣襟，流入那浩浩荡荡的赣江水之中，和"行人泪"汇合在一起。辛弃疾禁不住抬起头来，向西北方向望去，远望故国的中原大地。但是，重重叠叠的山峦却挡住了他的视线。长安是唐代的都城，在词中代指北宋的都城汴京。一个"望"字，写出了辛弃疾对故国的深切情感，对中原民众命运的同情，也是对苟且偷安的南宋朝廷的无声的批评。

青山能挡住视线，却挡不住滚滚东流的江水。人民群众抗击金兵的愿望，就像那澎湃向前的江水，永远不会止息。可是自己却远离了前线，只能留在后方，不能参加抗金的斗争。辛弃疾重重地叹了口气，正在痛苦愁闷之时，恰好听到深山里传来的鹧鸪的叫声，是那样的悲哀、凄婉，恰如他此刻的心情。

在扑灭茶商军之后，宋孝宗十分高兴。这一天他召集群臣，要对在这次行动中的有功之臣进行论功行赏。他向大臣们特别提到了辛弃疾："辛弃疾捕寇有方，当议优与职名，以示激劝。"讨论的结果，是给了辛弃疾一个"秘阁修撰"的职名。虽然得到了皇上的夸赞与奖赏，但是，追名逐利并非辛弃疾的人生目标。只要抗金大业没有进展，辛弃疾内心的苦闷便难以平复。

第八章
为民请命上奏章

辛弃疾为人坦荡耿直,做事果断坚毅,不怕得罪人,也从不向任何人溜须拍马,他这种性格遭到了很多官员的嫉恨。再加上他才能了得,就连皇帝也得防他三分——太能干了,如果有一天造反怎么办?要知道宋朝的开国皇帝赵匡胤当初可就是黄袍加身,士兵们把皇帝的龙袍往他身上一披,他发动陈桥兵变,就当了皇帝。所以,宋代的皇帝们对能干的大臣总免不了有猜忌之心。看到辛弃疾无论是在军事上还是在政治上都这么厉害,皇帝就不让他在一个地方待得太久,而是让他频频迁徙,不让他有时间和精力在一个地方培植自己的势力。

我们来看看辛弃疾当官的履历,就知道他换了多少个地方,有多辛苦了。1175年(淳熙二年)任江西提点刑狱;1176年(淳熙三年)秋冬之交,任京西转运判官;1177年(淳熙四年)春天,任江陵府知州兼湖北安抚使,十一月,任隆兴府知州兼江西安抚使;1178年(淳熙五年)春天,任大理少卿,夏秋之交,任湖北转运副使;1179年(淳熙六年)春天,任湖南转运副使……

走马灯似的换地方,让辛弃疾疲于奔命,很少有时间再去考虑抗金之事,但他每到一地,都认真地工作,为老百姓干了很多好事。在辛弃疾的心目中,当官不是为了发财享乐,而是要让百姓能够安居乐业。辛弃疾最痛恨那些作威作福的官员。

辛弃疾在湖北安抚使任上时,一天,突然有百姓来告状,说自己被江陵统制官率逢原手下的官兵打了,去找率逢原告状,率逢原却偏袒自己的士兵,根本不理这个茬。

辛弃疾派人把此事调查清楚,发现这件事情的责任确实是在于士兵。于是,他找来率逢原,要他秉公办事。率逢原是一个地头蛇,况且朝中又有强硬的背景,因此,他根本不把辛弃疾放在眼里。辛弃疾非常生气,于是向朝中奏了率逢原一本。没想到,率逢原恶人先告状,先参了辛弃疾一本。朝廷不问青红皂白,就以军队统帅和当地将领不和为由,将辛弃疾调往隆兴府任知州兼江西安抚使。

中国人最讲究吃一堑，长一智，按说，辛弃疾在和率逢原斗争的事情上摔了一跟头，他该明白当时的官场是怎么回事了吧。最好是当个好好先生，你好我好大家好，什么人都不得罪。可是，辛弃疾可不管那么多，为老百姓仗义执言，这个脾气他从未改过。在江西安抚史任上时，有百姓来告发知兴国军黄茂材加收百姓的租税。辛弃疾查明真相后，没有官官相护，二话不说，就向朝廷弹劾黄茂材，使他的官职降了两级。

辛弃疾任地方官这几年，正是湖南、湖北一带起义军连绵不断之际。虽然辛弃疾为朝廷效命，平叛过茶商起义军，但这并不说明，辛弃疾不同情起义军，不同情老百姓。从他的职责出发，他需要帮助朝廷平定叛乱，但是，从他的内心良知出发，他也知道，各路起义军都是官逼民反的结果。因此，他写了《淳熙己亥论盗贼札子》，呈送给宋孝宗，为老百姓请命：

自臣到任之初，见百姓遮道，自言嗷嗷困苦之状，臣以谓斯民无所诉，不去为盗，将安之乎。

臣一一按秦，所谓"诛之则不可胜诛"。臣试为陛下言其略：

陛下不许多取百姓斗面米，今有一岁所取反数倍于前者；陛下不许将百姓租米折纳见钱，今有一石折纳至三倍者。并耗言之，横敛可知。

陛下不许科罚人户钱贯，今则有旬日之间追二三千户而科罚者；又有已纳足租税而复科纳者；有已纳足、复纳足，又诬以违限而科罚者。

有违法科卖醋钱、写状纸、由子、户帖之属，其钱不可胜计者。

军兴之际，又有非军行处所，公然分上中下户而科钱。每都保至数百千；有以贱价抑买、贵价抑卖百姓之物，使之破荡家业，自缢而死者，有二三月间便催夏税钱者。其他暴征苛敛，不可胜数。

然此特官府聚敛之弊尔。流弊之极，又有甚者。

州以趣办财赋为急，县有残民害物之政而州不敢问；县以并缘科敛为急，吏有残民害物之状而县不敢问；吏以取乞货赂为急，豪民大姓有残民害物之罪而吏不敢问。

故田野之民，郡以聚敛害之，县以科率害之，吏以取乞害之，豪民大姓以兼并害之，而又盗贼以剽杀攘夺害之，臣以谓"不去为盗，将安之乎"，正谓是耳。

且近年以来，年谷屡丰，粒米狼戾，而盗贼不禁乃如此，一有水旱乘之，臣知其弊有不可胜言者。

民者，国之根本。而贪浊之吏迫使为"盗"，今年剿除，明年扫荡，譬之木焉，日刻月削，不损则折。臣不胜忧国之心，实有私忧过计者，欲望陛下深思致盗之由，讲求弭盗之术，无恃其有平盗之兵也。

（节选）

在这个札子中，辛弃疾直率地指出，官府的横征暴敛、贪官的贪求冒进是老百姓铤而走险的根本原因。

辛弃疾并非不知道自己刚直的性格会为世所不容，他在《淳熙己亥论盗贼札子》中就写道：臣平生刚拙自信，年来不为众人所容，顾恐言未脱口而祸不旋踵。明明知道自己这样做可能会惹祸上身，引得龙颜大怒，那可不是闹着玩的，也许身家性命全都不保，但是为了老百姓的疾苦，辛弃疾把自己的升迁荣辱都放到了一边。

不过，这个时候，辛弃疾也知道说不定哪一天自己就会被罢官免职。而多年奔波忙碌，自己连一处固定的住处都没有，如果哪一天遭人弹劾，丢了官，能到何处去呢？这样的忧虑，让辛弃疾下定决心选一块地方，造一处住所。这也是避祸的一个举措吧。辛弃疾很喜欢江西信州（今江西省上饶市）城北带湖旁边的一块地，于是就派人买了下来，在此营造新居，以备退身时用。

第九章
整"乡社"建飞虎军

　　1179年秋冬之交,辛弃疾由湖南转运副使改为潭州知府,兼任湖南安抚使。他在任期间,最为人们津津乐道的是为南宋朝廷建立了一支当时最精锐的地方部队——飞虎军。

　　前面已经说过,当时,湖南、湖北民心一直不安定,曾多次爆发小规模的农民起义事件。虽然最终都被镇压了下去,但是,这样的局面毕竟威胁了南宋政权的安全,不能不让南宋朝廷忧心忡忡。辛弃疾为此还专门上书皇帝,在剖析了原因之后,呼吁朝廷能够关心民间疾苦;同时,他还建议让他在湖南创建一支新的有战斗力的地方部队,以维护社会安定。

辛弃疾的想法获得了朝廷的恩准。他欣喜若狂，立刻着手行动。不过，他的才华和果断刚毅的作风，早就让朝廷里很多大臣看不惯，他们又嫉妒又眼红，于是极力阻挠。辛弃疾决定速战速决。他连夜考察适合建军营的地方，最后，他挑中了一座营垒的故址。这座营垒为五代十国时的马殷在长沙所建。马殷是一个传奇人物，他年轻时是个木匠，后来占据了湖南，成立了一个独立王国，当上了楚王。辛弃疾决定在这个旧址上建造新的营房，并限期一个月内完成。

负责这个工程的人都愁眉苦脸，实在想不出办法能在一个月内建起一座营房。因为当时正值秋季，连绵的秋雨下个不停，建造营房需要二十万片瓦，这样的天气，根本无法烧制出瓦来，没有瓦，如何盖房子呢？他们把这个难题抛给了辛弃疾，没想到辛弃疾摸了摸长长的胡须，微笑着说："这个不难。你们只管找齐工匠，准时开工，我保证两天内把瓦筹措齐。"

大家听了，大眼瞪小眼，谁也想不出辛弃疾怎么在两天之内"变"出二十万片瓦，除非他是神仙！

辛弃疾却不慌不忙，他让人贴出告示，下令全城居民，在两日之内，每家送二十片瓦来，凡是在规定期限内送来二十片瓦的，一律给钱一百文。对一个家庭来说，二十片瓦根本不算什么，再说又不是白给，官府是拿钱买的，很多人家有些旧瓦堆在院子里没有用，正好交出去换一笔钱。于是，各家各户高高兴兴地往营地送瓦，那两日，一路上，送瓦的人络绎不绝。二十万片瓦果然在不到两天的时间内就全部到位了。

一个难题解决了，跟着又来了另一个难题，建营房要用石子铺路，需要的石子数量特别大，靠工匠自己去采石头根本来不及。怎么办呢？负责工程的人又束手无策了。辛弃疾辗转反侧了一个晚上，第二天一大早，他终于想出了一条妙计。他下令调集全城关在监狱里的犯人，让他们全体出动，到长沙城北的驼嘴山采石头。按照规定，谁采得多，谁减刑就多。有了这个奖励措施，犯人们个个争先恐后，都想多采点儿，好多减点儿刑，就这样，他们凿的凿，抬的抬，个个卖力气使劲干，没用几天，所需的石头就全部备齐了。

辛弃疾一边建营房，一边到处招兵买马。他选拔士兵的要求非常严格，凡被选中的都体格壮硕、聪明过人。他招募了步兵两千人，马兵五百人。为了配备最好的马，提高战斗力，他专门派人到广西去，那里的马品种优良。他拿出五万贯钱买回战马五百匹。接着，辛弃疾把军队吃穿用度要花的钱算了算，也是一个天文数字，不过，他也很快就将款项筹

措齐整了。

虽然辛弃疾事情办得利落，他的政敌们还没醒过神来，事情就都已经完成了。但是，枢密院里那些大臣可不是好惹的。他们一看辛弃疾筹了那么多钱，立刻就有借口了。他们使劲地在皇帝面前说辛弃疾的坏话，说他打着创建飞虎军的旗号，借机聚敛老百姓的钱财。他建飞虎军也不是为了国家，而是为了自己出名。说的人多了，宋孝宗也就半信半疑起来。

一日，辛弃疾正在营地视察，督促工匠们加快施工进度。突然，有驿马前来，邮差手拿朱漆金字的木牌，点名要找辛弃疾。辛弃疾一看，是"御前金字牌"！"御前金字牌"是当时邮递的一种，也是最重要、最快的一种，邮差一般要日行四百里。辛弃疾不知道朝廷里发生了什么大事，急忙接过信匣，来到密室开匣看过。原来是枢密院给他的信画，来意只有一个，那就是让他赶紧停建飞虎军。

辛弃疾手拿金字牌，心中暗暗思量，飞虎营眼看就要建成了，这个时候停建，实在是太可惜了。可是，违背枢密院的命令，抗旨不遵，后果的严重性可想而知。怎么办呢？停还是不停？辛弃疾一个人在屋里踱来踱去，脑子飞速地转动着，希望能够找到一个万全之策。突然，他眼睛一亮，手重重地一拍身旁的几案："有了！"

辛弃疾不动声色地把金字牌藏了起来，没让任何人知道。他若无其事地督促着工匠们照原计划把飞虎营建好，在这个过程中，该奖励的奖励，该惩罚的惩罚，没有一个人知道，他们在建设的这座军营属于朝廷下令停建的项目。

这一天，飞虎营的一切终于竣工了。晚上，辛弃疾铺开信笺，平心静气地给皇上写了一个奏章。第二天，他派人快马加鞭赶往临安，把奏章呈给了皇上。

宋孝宗打开一看，里面有一张地图，上面绘制的是飞虎营！他大吃一惊：怎么？难道飞虎营竟然建成了吗？他赶紧打开辛弃疾的奏章，急急读了下去。辛弃疾在奏章中写得无比详细，把建营的经过、经费的来源、开支情况等都详细地记了下来。宋孝宗看后，觉得辛弃疾做的一切都无懈可击。那聚敛民财的罪名，在事实面前也就不攻自破了。宋孝宗没有怪罪辛弃疾不遵圣令。那些反对过他的大臣们这个时候又有什么话好说呢？

辛弃疾顾不上去计较个人的恩怨得失，他立刻带领着飞虎军，开始了严格的训练。操练场上，竖起了"兵营重地，闲人禁入"的牌子，辛弃疾亲自坐镇，指挥士兵演练。他严明军纪，扰民者轻则罚，重则格杀勿论，并勉励将士忠君爱国，报仇雪耻。

辛弃疾治军严明，他所率领的飞虎军很快就成为当时沿江各地方军队中最精锐的一支队伍。这种士气和战斗力一直维持了三四十年，成为南宋中后期维护湖南政治局势的军事支柱。就连金军对飞虎军也十分畏惧，称之为虎儿军。

辛弃疾在湖南任上，除了创建飞虎军外，还在整顿乡社、弹劾贪官、兴办教育等方面做了许多工作。"乡社"是存在于当时湖南境内的一种地方武装组织。一个大的乡社包括的民户数目可以达到五六百家，小的乡社的民户数目也可达到二三百家。而乡社的头目都是当地的土豪。当时，湖南各个州县在推行朝廷政令的时候，常常遭到乡社的阻挠。很多在湖南做过地方官的官吏，都希望能够取消乡社这个组织，只是，因为地方势力的强大，一直没能做到。

辛弃疾在进行了一番调查之后觉得，如果乡社不铲除，则政府很难对当地进行有效的管理，但如果乡社一下子一锅端，那么，地方上的地主豪强们一定会激烈反抗，到时候会造成社会的不稳定。所以，辛弃疾给朝廷上了一个奏章，提出了一个折中的方案：按照各个乡社和乡社头领的表现来分别处理。凡那些平时为非作歹，民怨极大的乡社，都予以取缔。而那些表现比较好的则可以保留，但都必须化大为小，最大者的民户数目不能超过五十，而小乡社的民户数目则只保留一半。这些乡社由县令统一领导支配,他们原有的武器也由县衙统一管理。辛弃疾的这个办法,既得到了朝廷的肯定,也让各乡社的首领们没话说,一直困扰着湖南地方政权的乡社问题,在辛弃疾的巧妙处理下,没有发生任何冲突,很平静地解决了。

　　辛弃疾在湖南任上待的时间虽然还不长,但已经干得风生水起。他也一直很有激情,觉得可以把飞虎军训练成一支能在战场上和金兵决一高下的队伍。正当他踌躇满志,要干一番大事业的时候,朝廷却下了一纸命书,于1180年(淳熙七年)年末,让他任隆兴知府兼江西安抚使。辛弃疾在湖南安抚使的位子上不过才干了一年,就又要换地方了。

第十章
隆兴荒政救灾民

辛弃疾到各地任职的时间虽然都很短，但他每到一处都政绩斐然，为老百姓办了不少好事。这一次，他到了隆兴府，正碰到隆兴府大旱，田里的庄稼几乎颗粒无收。

辛弃疾坐在轿中，走在上任的路上，快到隆兴府的时候，他掀起轿帘一角往外看，只见路上络绎不绝的逃荒者，有拄着拐棍，手捧要饭的碗，蓬头垢面的老者；有面如菜色，骨瘦如柴的小孩子。天气阴冷潮湿，他们衣着单薄，在寒风中瑟瑟发抖。辛弃疾一下子想起了多年前自己刚到滁州时看到的情形，顿时觉得肩上的担子重了很多。

辛弃疾下了轿子，进了官衙，顾不上和

前来迎接他的隆兴府地方上的官员们寒暄，立刻叫人在隆兴府及其所属的各县、各村的大街小巷里张贴文告。榜上的内容很简单，只有八个字：

闭粜（tiào）者配，强籴（dí）者斩。

这八个字是什么意思呢？就是说，那些粮食充足的大户，如果胆敢积粮食不肯卖的话，就要发配到边疆；那些没有粮食吃的人如果胆敢抢劫粮行，那么就要被斩首。一个地方发生了灾荒，粮食短缺的时候，最容易发生的事就是家财万贯的大户趁机囤积大批粮食，藏在粮仓里不肯卖，等到大家都没得吃时，他们趁机哄抬粮食价格，大发灾难财。而这个时候，也最容易发生饥民暴动，那些饿极了的灾民，因为手头没钱，买不起粮食，又不可能坐着等死，就会联合起来哄抢粮行，吃大户。为了避免商人投机倒把，穷人抢劫，辛弃疾发了这样一个八字文告，用来稳定隆兴府的社会秩序。

辛弃疾知道，这样的强制办法不是长久之计，想从根子上解决问题，就必须让受灾的老百姓能够吃上饭。

很快，辛弃疾就召集了隆兴府的地方官吏，让他们推荐一下当地著名的儒生和商人。这些官吏奇怪辛弃疾不忙着救济灾民,却向他们打听什么儒生和商人,真不知道他葫芦里卖的什么药。他们为辛弃疾开列了名单,辛弃疾认真地看了看名单,仔细收好。

第二天,这些官吏重新被请到辛弃疾的官署,和他们同来的还有昨天他们推荐的儒生和商人,甚至还有几个普普通通的老百姓。

辛弃疾请大家落座,然后他开门见山地说:"我已经调查过了,光凭我们隆兴府的官米,是不够灾民们吃的。我们必须想办法从别处把粮买来,赈济灾民。我对隆兴府不熟悉,但是在座的诸位对这里的一切一定都是了然于心的。我请大家到这里来,就是让大家帮我想一想,有哪些粮商最为能干,只要官府给他们钱,他们就能够去别的州县把粮买来。"

这时就听下面有人说:"这样的人肯定是有的,但是大家饭都吃不上,哪来的闲钱去买粮食?"

辛弃疾说:"这个大家不用发愁。我打算拿出官库中的官钱借给他们做本钱,如果官钱不够的话,就把官府中的银器拿出来,换成钱给他们去籴粮。"

大家一听,这招儿真新鲜,你一言我一语地向辛弃疾推荐那些能干这些事的粮商,不一会儿人选就敲定了。辛弃疾立刻派衙役把这些人分头找来,告诉他们,官府可以借给他

们买粮食的本钱,但他们必须在籴来粮食后的一个月内,按照一个合理的价格粜给隆兴府的灾民,他们赚来的利润全算他们的,只需把本钱还给官府就行了,利息全免。

这些精明的粮商们一听,真是闻所未闻的好事——想想吧,拿着官府的钱做粮食买卖,却不用支付官府利息,这可是开天辟地头一回呢!

粮商的积极性立刻就给带动起来了。他们使尽浑身解数,从不同的地方运送了大批的粮食回来,隆兴府的粮食价格一下子就降了下来,而且数量也很充足。

恰好在这个时候,邻近的信州(今江西省上饶市)也遭逢了饥荒。一日,辛弃疾接到了信州知州谢源明的求助信,和辛弃疾商量能不能从隆兴府借些粮食赈济灾民。辛弃疾招来下属官吏,商讨这件事情。

隆兴府的官员们听说了这事之后,个个表示反对。其中一个官员说:"隆兴府的老百姓自己的仓里都没有多少粮食,谁知道老天爷还会不会继续旱下去?如果把粮食借给他们,那我们的百姓吃什么呢?"

他的话得到了所有人的赞同。

辛弃疾一听,只好耐心地劝告他们:"我们要常怀一颗赤子之心,对天下的百姓一视同仁。难道隆兴府的老百姓是皇上的子民，信州的老百姓就不是皇上的子民了吗？难道我们能够眼睁睁地看着信州的老百姓活活饿死，却见死不救吗？"

在座的官员听了辛弃疾的话后，都为自己的言行感到惭愧。于是，在辛弃疾的坚持下，隆兴府用官钱买来了粮食若干，用船只送往信州。

由于辛弃疾在隆兴府实行的"荒政"救济灾民有功，受到了朝廷的褒奖，官晋了一级，1181年（淳熙八年）七月，由宣教郎转为奉议郎。十一月，转任两浙西路提点刑狱。看到这里，你一定认为，辛弃疾得到提拔了，他一定会在新的岗位上，继续大放异彩的。你错了，辛弃疾刚被任命不久，就突然被罢官了。

辛弃疾性情耿直，敢作敢为，不怕得罪人，朝廷里有很多大臣非常赏识他，可也有一批大臣视他为眼中钉、肉中刺，必欲除之而后快。尽管辛弃疾在任上兢兢业业，成绩卓著，但是，他的政敌们却在他忙碌公务的时候，忙着找他的碴儿，好在皇上面前参他一本，让他丢官免职。这个时候，台官王蔺（lìn）收集了很多辛弃疾在创建飞虎军期间的传闻，真真假假，假假真真，添油加醋，于1181年年末，对辛弃疾提出弹劾。

王蔺说辛弃疾是"奸贪凶暴"，在统治湖南的时候，不停地祸害老百姓。又说他为了建造飞虎军,"用钱如泥沙,杀人如草芥"。还说他当时不顾枢密院的御前金字牌,一意孤行地非要建飞虎军,这是无视朝廷和上司的举动。正所谓欲加之罪,何患无辞,王蔺把辛弃疾说得真是一钱不值,简直像个败类。

按说,皇帝对这份明显漏洞百出的弹劾应该做出自己明智的判断。但是,宋孝宗却不容分辩地听信了王蔺的一面之词,把辛弃疾的所有官职一下子都给罢免了。

第十一章
带湖退居鹅湖会

其实,对罢免一事,辛弃疾早有预感。他之前就在江西信州买了一块土地,建了一所房子。这地方离上饶城大约一里路的样子,有一个形状狭长的湖泊,辛弃疾将它命名为"带湖"。带湖湖水清澈见底,水底的游鱼历历在目,仿佛毫无依托地在空气中游来游去。湖畔旁边有一大块空地,举目远望,四处是青翠欲滴的山峦。当年,辛弃疾偶尔路过这里,便被如此美丽的风景所吸引。当时,他就下定决心,自己辞官之后,要到这里来居住。

辛弃疾被罢官之时,恰好带湖之居已经建成了,辛弃疾携家带口来到这里,呈现在他面前的住所实在是太美了！一切建筑都依地势而建，高处建有错落的楼房，而低洼的地方则辟为稻田。庭院之内，亭台楼阁，曲径通幽，辛弃疾常在湖边的亭中读书。有一高楼可以登高望远，一览周围山色之胜，辛弃疾给它起名为"集山楼"，后又改名为"雪楼"。有一片稻田可以满足辛弃疾参加生产劳动的愿望。连着稻田的是一排平房，辛弃疾给这排房子起名"稼轩"。他曾经说过："人生在勤，当以力田为先。"后来，他给自己起别号"稼轩"，就是从这里来的。可见他对农业生产的重视。

辛弃疾在带湖一住就是十年。在这十年里，南宋朝廷似乎把他给忘了，再也没有起用过他。想当初，辛弃疾南归之时，抱定一颗抗金复宋之心，到如今，做了几十年的地方官之后，正在四十岁的盛年之时，却被罢官回乡。一般人遇到这样致命的打击，肯定会牢骚满腹，喝酒游乐，日渐沉沦。但辛弃疾就是辛弃疾，你让我去前线打仗，我是一个好士兵、好统帅；你让我到地方做官，我是个爱民如子的好官；你什么都不让我干，让我在农村待着，好了，我吟诗作赋，成为一代词坛大家，正如一句古话所说：失之东隅，收之桑榆。

辛弃疾的文采在他为官之时已经显现出来，早在1168年，他在建康做通判的时候，就开始和很多当时的著名文人有交游，和他们往来唱和，当时不到三十岁的辛弃疾已经开始崭露头角。他在信州闲居的这十年里，是非常勤奋刻苦的。他买下了近万卷书阅读。我们看辛弃疾的词的时候，会发现，他擅长运用典故，很多典故他总是信手拈来，这当然是和他读了大量的诗书分不开的。在此期间，他写下了很多词作。

退居之后，辛弃疾就有了大量的闲暇时间做他以前没时间做的事。虽然退居非他所愿，但辛弃疾很会排遣自己的心情，在自然山水之间，他很快找到了乐趣。但想到自己不被朝廷重用，而且一再遭人误解，内心难免会拂过阴影，这就是辛弃疾初到带湖时的矛盾心情。来到带湖不久，他写下了《水调歌头·盟鸥》：

带湖吾甚爱，千丈翠奁开。先生杖屦无事，一日走千回。凡我同盟鸥鹭，今日既盟之后，来往莫相猜。白鹤在何处？尝试与偕来。

破青萍，排翠藻，立苍苔。窥鱼笑汝痴计，不解举吾杯。废沼荒丘畴昔，明月清风此夜，人世几欢哀。东岸绿阴少，杨柳更须栽。

辛弃疾要与鸥鹭定下誓约，自己永远要留在这里与它们

相伴，请鸥鹭一定要相信他的诚意，这是多么浪漫的想法啊！的确，带湖千丈开阔的湖水，如同打开的翠绿的镜匣一般，晶莹、透明、澄澈。面对这样的美景，辛弃疾难免要一日走千回了。心情大好的辛弃疾还委托鸥鹭邀请白鹤一起来。看到这里我们会觉得辛弃疾已经完全沉浸于大自然的美景中，似乎罢官的阴影已经不复存在。但是，一个曾经"壮岁旌旗拥万夫"的沙场将帅，竟然落得终日只能与鸥鹭为伍，他的内心能没有一丝丝凄凉吗？虽然辛弃疾想和鸥鹭结为同盟，但鸥鹭却立于水边苍苔之上，时而拨动浮萍，时而排开绿藻，对他的邀约不理不睬。因为鸥鹭是想捉湖里的鱼，对他的美意毫不理解。虽然不为人知会有一点儿孤独，但辛弃疾的人生观是旷达的，心头的阴影像天上飘过的浮云一样一扫而光，他看到带湖东岸没有绿荫，就打算多栽一些杨柳，可见，他是打定主意要在这里长住下去了。

  后来，辛弃疾又在铅山县和上饶相交接的期思渡旁营建了一所新的居所。辛弃疾是喜欢水的，上一所房子的旁边是湖，而这所房子的旁边是一眼泉。辛弃疾的故乡山东济南就是一个泉城。那里大大小小著名的泉水就有七十二处。看到泉水，自然能够引起辛弃疾的故园之思，所以，辛弃疾就很高兴地买下了这个地方，连同这个泉水，并为这个泉命名为"瓢泉"。为什么叫瓢泉呢？这里有个典故。大思想家孔子有弟子三千，但他最喜欢的一个弟子叫颜回，为什么喜欢颜回呢？因为颜回安贫乐道，最洁身自好。孔子曾经这样夸过他："贤哉！回也。一箪食，一瓢饮，在陋巷，人不堪其忧，回也不改其乐。贤哉！回也。""瓢泉"的"瓢"字就是从这里来的。

辛弃疾平日里除了纵情山水、读书创作之外，还有一件事就是和朋友往来唱和。在他闲居期间，最有名的一次和朋友的聚会，就是他和陈亮的鹅湖之会了。

陈亮也是南宋时期的一位杰出人物，曾被誉为"人中之龙，文中之虎"。年轻的时候就喜欢读兵书。他和辛弃疾一样，也是积极主张抗金，反对投降卖国，性情耿直，多次上书朝廷，议论时政，被当权者视为"狂怪"，一生三次受到诬陷，被投入监狱。这位遭到当政者厌恶的陈亮，却得到了辛弃疾的赞赏和支持。正如后来他自己所说："人皆欲杀，我独怜才。"

辛弃疾遭人弹劾罢官，不为世俗所容的陈亮隐居乡间著书，但是，他们从未忘怀恢复大业。118年秋天，陈亮给辛弃疾和著名的理学家朱熹①分别写了一封信，相约到铅山紫溪聚

---

① 南宋著名理学家、思想家、哲学家、诗人、教育家、文学家，是程朱理学的主要代表。主要哲学著作有《四书章句集注》《四书或问》《太极图说解》《通书解》《西铭解》《周易本义》《易学启蒙》等。

会，商讨统一大计。朱熹因故没有前来。这样，陈亮就一个人来会辛弃疾。

这年冬天，到了约好的日期，辛弃疾却病了，整天躺在床上。这一天，他觉得精神略有了些好转，便起身走到窗前，朝外眺望。正是傍晚时分，下了一天的大雪停了，雪后天气已经放晴，夕阳的余晖辉映着白雪皑皑的大地。这时，他看到，远方，一个人骑着一匹白马慢慢朝着期思村走来。村前有一条小河，河上有一座很窄小的木桥，白马走到桥前停了下来，不肯再往前走。骑马人用马鞭抽了白马一下，示意它上桥，可是，胆小的白马抬了一下前蹄，可能觉得桥窄雪滑，怕掉到河里，又收回了蹄子，依然站在桥前一动不动。骑马人又抽了白马一鞭，非让它过桥，白马没有办法，便试着往桥上一探蹄，还是觉得不敢过，又缩了回来。骑马人火了，这次他狠狠地抽了白马一鞭子，白马依然不敢往前走。骑马人腾地从马上跳下来，抽出随身佩带的宝剑，噌的一声，说时迟，那时快，他手起剑落，把白马的头砍了下来，马身立刻倒地。骑马人看都不看这匹马一眼，自己踏上木桥，稳稳地过桥而来。

辛弃疾看得目瞪口呆，心想：这是何方勇士？倒有我年轻时血气方刚的影子。他想起了自己年轻时只身追杀义端，只带五十人，便勇闯金营，活捉张安国的往事，一切都历历在目。可是年华却一天天流逝，连白头发都有了，抗金的事业却没有任何进展，想至此，不由得感慨万千。

正在伤感之时，家人突然来报，说外面有一陌生客人来求见。辛弃疾下得楼来，见到厅堂里坐的客人，不由大喜，你道这人是谁？就是刚才斩马的骑马人。这骑马人又是谁？正是辛弃疾盼望的陈亮！

孔子说过：有朋自远方来，不亦乐乎？辛弃疾忙命家人上酒上菜，招待远道而来的好朋友。辛弃疾自赋闲之后，苦闷之时，难免借酒浇愁，一来二去，就染上了酗酒的毛病。喝酒伤身，也消磨意志，辛弃疾心里很清楚这一点，因此，他下定决心戒酒，为此，他还写了一首谈自己戒酒的词呢。可是，戒酒词写了没有多久，故友相逢，大喜之下，少不得破了酒戒，一杯又一杯，喝了个痛快淋漓。

陈亮在辛弃疾家一共住了十天。这十天里，他们纵论国是，商讨对策，好不畅快！离辛弃疾家不远的地方有一条山脉，从福建境内蜿蜒而来，这座山的主峰叫鹅湖，记住，鹅湖是座山，不是一片湖！这鹅湖山上有鹅湖寺。鹅湖山林木苍翠，山崖壁立万仞，山涧幽深曲折，流泉飞瀑，鸟语花香，景色十分优美。历史上一共有两次著名的鹅湖之会。第一次，

是1175年（淳熙二年），南宋著名的思想家朱熹和陆九龄、陆九渊兄弟相聚于此，对学术问题展开了激烈的争论，这就是中国思想史上著名的朱陆鹅湖会。第二次就是辛弃疾和陈亮的聚会了。

他俩天天在鹅湖寺中高谈阔论，不知不觉就过了很多天。俗话说天下没有不散的筵席，陈亮不可能永远留在这里，分别的日子到了，两个挚友只好恋恋不舍地挥手告别。可是，陈亮走后的当晚，辛弃疾辗转反侧，难以入眠。第二天，他终于忍不住，骑马就出门追陈亮去了，想让他回来再多住一些时日。追到一个叫鹭鹚林的地方，因为雪下得大，积雪很深，路又滑，辛弃疾骑的马屡屡摔倒，而天已经黑了下来，无法前行，没有办法，辛弃疾只好停下来。他看路旁有个小村子，人困马乏，也只好进到村里。辛弃疾打听了一下，原来这个村子叫方村。村里的一个吴姓大户人家久仰辛弃疾的大名，知道他路过此处，无处投宿，便将他邀至家中，安排他住在"四望楼"上。

晚上，雪停了，天晴了。辛弃疾独自站在窗前，望着湛蓝天幕上的一钩清冷的月亮，对陈亮的思念之情油然而生。夜深了，邻家却传来了笛声，在这个寂静的雪夜，笛声传得分外遥远，呜呜咽咽，十分凄清。辛弃疾再难忍住心头澎湃汹涌的感情，呼人拿来了纸笔，一气呵成写下了《贺新郎·把酒长亭说》：

陈同父自东阳来过余，留十日，与之同游鹅湖，且会朱晦庵于紫溪，不至，飘然东归。既别之明日，余意中殊恋恋，复欲追路，至鹭鹚林，则雪深泥滑，不得前矣。独饮方村，怅然久之，颇恨挽留之不遂也。夜半投宿吴氏泉湖四望楼，闻邻笛悲甚，为赋《乳燕飞》以见意。又五日，同父书来索词，心所同然者如此，可发千里一笑。

把酒长亭说。看渊明风流酷似，卧龙诸葛。何处飞来林间鹊，蹙踏松梢残雪。要破帽多添华发。剩水残山无态度，被疏梅料理成风月。两三雁，也萧瑟。

佳人重约还轻别。怅清江天寒不渡，水深冰合。路断车轮生四角，此地行人销骨。问谁使君来愁绝？铸就而今相思错，料当初费尽人间铁。长夜笛，莫吹裂。

有趣的是，五天之后，陈亮来信索要辛弃疾填的词，那个年代不同于现在，打个电话就知道对方在做什么，那时就连送一封信也很不容易。所以，陈亮是如何知道辛弃疾为他写了词呢？只能说是好朋友之间心有灵犀了。

陈亮收到辛弃疾寄来的词后，马上和了一首寄给了辛弃疾。辛弃疾得词之后，再和一首《贺新郎·同父见和再用韵答之》。在这首词中，他写道：我病君来高歌饮，惊散楼头飞雪……我最怜君中宵舞，道"男儿到死心如铁"。看试手，补天裂！"补天裂"三个字是化用了女娲补天的典故，当时山河破碎，恰如破裂了的天空，神话中女娲炼五色石补天，辛弃疾和陈亮也想和女娲一样，能够收拾破碎的河山。从这些唱和的词中，让我们清晰地看到了辛弃疾和陈亮的英雄气概，以及他们谈话的内容，都是和恢复故国相关的。

辛弃疾还曾送给陈亮一首词《破阵子·为陈同父赋壮词以寄之》：

醉里挑灯看剑，梦回吹角连营。八百里分麾下炙，五十弦翻塞外声。沙场秋点兵。

马作的卢飞快，弓如霹雳弦惊。了却君王天下事，赢得生前身后名。可怜白发生！

从这首词中，我们可以再次领略到辛弃疾壮烈的情怀和他的词作的豪迈风采。辛弃疾是词坛大家，在中国古代文学史上的地位堪比大文豪苏轼，他和苏轼同是"豪放派"词的代表。与"豪放派"相对的当然是"婉约派"，代表词人有秦观、李清照等。顾名思义，豪放派的词作格调雄浑壮健，而婉约派则柔美婉丽。当然，辛弃疾的很多词也写得清新婉丽，不过，在读者中影响最大的，还是他那些高超豪迈，充满悲壮气息的词作。辛弃疾的词作流芳后世，是中国文化中的瑰宝。

第十二章
绍熙再出谒朱熹

1189年,宋孝宗让位给太子赵惇(宋光宗),自己当了太上皇。1192年(绍熙三年),已经闲居十年的辛弃疾没有想到,自己又重新被朝廷记起,被任命为福建提点刑狱。这一年,辛弃疾已经五十三岁了。

辛弃疾在福建做官时,他的好朋友朱熹正隐居在福建武夷山。辛弃疾去探望了他好几次。辛弃疾一生交游广阔,但他最钦佩的就是陈亮和朱熹了。朱熹是南宋著名的理学家、思想家、教育家,是儒家学说的集大成者,有人称赞他是孔子之后第一人。朱熹重视修身养性,大部分时间都躲在书斋里做学问。而辛弃疾重行动,是个叱咤风云的武将。

两个人的性格差异很大，对人生的看法也很不一样，但是，这并不妨碍他们成为好朋友，互相欣赏彼此的才华。这是因为作为"一代儒宗"的朱熹和辛弃疾有着同样的抗金复国的主张。早在1163年（隆兴元年），朱熹在给皇帝的奏折中就讲到对金兵南侵的看法：非战无以复仇，非守无以制胜，是皆天理之自然。他还说：断以义理之公，闭关绝约，任贤使能，立纲纪，励风俗。然而他的主张，却总是受到主和派的阻挠，他曾经多次辞官，以示抗议。但是，他隐居之后，仍然对国家大事念念不忘。在这一点上，他和辛弃疾是何其相似！那就是说，虽然他们救国的主张不一定一样，但救国的志向却是完全一致的。

1180年（淳熙七年）的冬天，辛弃疾和朱熹开始了交往。这一年辛弃疾任隆兴府知府兼江西安抚使。前面已经讲过，当时隆兴府大旱，老百姓都没得吃，辛弃疾实行荒政，在大街上贴出赈济榜文，只用八字：闭粜者配，强籴者斩！结果，在他的治理下，隆兴府平安度过了荒年。

朱熹听说后，非常欣赏他的才干，跟别人夸辛弃疾"这便见得他有才"。1182年（淳熙九年），辛弃疾被朝廷罢官之后，朱熹感到愤愤不平，常常跟他的弟子们说："辛幼安是个人才，岂有使不得之理！"

辛弃疾到福建上任时，绕道去看望了朱熹。当时朱熹住在崇安,他的住所名字为"武夷精舍"。好朋友见面,当然是分外高兴。朱熹领着他到武夷山里游览一番。辛弃疾诗兴大发,作《游武夷·作棹歌呈晦翁十首》,描写了武夷山的美丽风光。其中,第九首这样写道:

> 山中有客帝王师,
> 日日吟诗坐钓矶。
> 费尽烟霞供不足,
> 几时西伯载将归?

这首诗里隐含了一个典故,当大家知道了这个典故的意思之后,也就明白这首诗在讲什么了。诗中的"西伯"是指周文王姬昌,当时,周文王想打败昏君殷纣王,就招兵买马,广招天下英雄豪杰。传说,有一天晚上,他做了一个神秘的梦,梦见一只飞熊投入他的怀里。第二天,他就派人到处找一个叫"飞熊"的人。他的手下找啊找,终于在渭水河边找到了正在那里钓鱼的姜子牙,姜子牙的号叫"飞熊"。此人博览群书,满腹经纶,非常有本事,周文王听了当差的禀报,亲自坐辇到渭水河边和姜子牙聊天。聊了一会儿,周文王非常高兴,说:"我爷爷在世时曾经对我说过,将来会有个了不起的人帮助我部兴盛起来。我觉得您正是这样的人。我的爷爷已经盼了您很久了。"说罢，他就邀请姜子牙一起回宫。因为姜子牙是文王的爷爷所盼望的人，所以后来叫他"太公望"。在民间传说中，叫他姜太公。

　　姜子牙同意和他进宫，不过，他要求坐着周文王的辇，让周文王拉着他进宫。听了姜子牙的要求，随周文王而来的文武大臣们全愣住了，都觉得这个要求实在是太过分了。但是，求贤若渴的周文王却一口答应了姜子牙的要求，亲自驾着辇，把姜子牙拉进宫。而姜子牙也果然辅佐他的部落打败纣王，建立了周朝。在辛弃疾看来，朱熹就是一个隐居在山中的像姜子牙一样的"帝王师"，他盼望着，终究有一天会有"西伯"来把这个怀才不遇的白发苍苍的隐士起用。从这首诗中可以看出，辛弃疾对朱熹的评价有多么高！所以，辛弃疾此行，根本不是来游山逛水的，他是想向他景仰的大学问家朱熹请教政治上、学术上的问题。朱熹赠他三句话："临民以宽，待士以礼，驭吏以严。"希望他仁刑兼施，政教并化，宽严齐用。

　　辛弃疾听后，连连点头。朱熹又向辛弃疾讲起自己任漳州知府时的事情。当时豪强地主们侵吞老百姓土地的现象非常严重。很多农民和中小地主都强烈要求重新清查土地，按照实际拥有的土地数上缴税收，担负徭役，这叫"经界法"。

朱熹当时力主推行此法，可是，却遭到了豪强地主的阻挠，没有进行下去。他建议辛弃疾在任上能够推行"经界法"。

辛弃疾听后，觉得很有道理，后来，他在汀州（今福建省长汀县）大力推行"经界法"，受到了当地百姓的拥戴。辛弃疾在福建任上时，时时记得朱熹给他的赠言，他为政宽厚，勤勤恳恳，很多过去积压下来的问题，他都迅速查办了。

当时，汀州有一件疑案，很多年都无法结案。辛弃疾知道后，就向下级官吏了解谁办案有方，大家都说上杭（今属福建省）令鲍粹然最会破案，于是，辛弃疾立刻派鲍粹然前往汀州审理此案。能干的鲍粹然到那里不久就把案子审得明明白白。当地的老百姓都对辛弃疾交口称赞。

1192年（绍熙三年）的冬天，皇上召见辛弃疾。辛弃疾呈上了《论荆襄上流为东南重地》札子。论述了长江上游的军事防御布置，申诉了自己抗金的战略主张。希望皇帝能够"居安虑危，任贤使能。修车马，备器械，使国家有屹然金汤万里之固"。可是皇帝胸无大志，根本就听不进去。

在见过皇帝之后，他被留在朝廷做太府少卿，没有半年，又被派往福州做知州兼福建安抚使。虽然频繁的调动让辛弃疾感到疲惫，但不论到哪里，他都认认真真地办实事，从不懈怠。他看到福建沿海经常有海盗出没，就想建一支军队，像当年的湖南飞虎军一样,来保护百姓们的财产安全。可是,不等这个计划开始,辛弃疾又遭到谏官的弹劾,以"残酷贪饕(tiè),奸赃狼藉"的莫须有罪名被贬。当时是1194年(绍熙五年)的秋天,辛弃疾再度回到江西信州闲居。这一年秋天,身患重病的宋光宗让位给皇太子赵扩(宋宁宗)。

也就是这个时候,因为朝中大臣赵汝愚的引荐,朱熹进了朝廷做侍讲。朱熹看到当时的权相韩侂胄(tuō zhòu)居功自傲,玩弄权术,立刻向皇帝弹劾他"擅权害政"。韩侂胄是皇后的叔父,势力非常大,朝中有很多人都是他的耳目,他一听朱熹到皇帝那里告他的状,立刻就免了他的侍讲之职。1197年(庆元三年)的冬天,韩侂胄等宣布道学为"伪学",将朱熹列为"伪学逆党"之魁,限制他们的活动,这就是有名的"庆元党禁"。

1200年(庆元六年)三月,朱熹去世,时年七十一岁。当时,消息立刻传到朝廷。朝廷中马上有大臣说:"朱熹的那些门生如果听说了这个消息必定都会跑去给他送葬,然后他们就会利用这个机会聚会,对朝廷和世事发一通牢骚,所以不能让他们前去吊丧。"

宋宁宗听后,下令禁止朱熹的朋友和门人去送葬。朱熹的某些门生一看到这条禁令果然就害怕了,不敢前去送老师最后一程。

辛弃疾却义无反顾,不怕风险连累,他立即写下《感皇恩·读〈庄子〉,闻朱晦庵即世》一词:

> 案上数编书,非《庄》即《老》。会说忘言始知道;万言千句,不自能忘堪笑。今朝梅雨霁,青天好。
> 一壑一丘,轻衫短帽。白发多时故人少。子云何在,应有《玄经》遗草。江河流日夜,何时了!

这首词的上阕写的是他读《庄子》的体会。

下阕他以汉代扬雄(子云)所作《太玄经》比拟朱熹的著作。他在这首词的最后一句化用了杜甫的诗句:尔曹身与名俱灭,不废江河万古流。他的意思是,朱熹必将是名垂千古的,那些打击、排斥他的人,不过是些跳梁小丑罢了。在政治形势如此险恶的情形下,辛弃疾还敢这么说,可见这个人多么仗义。非但如此,他还亲自跑去吊丧,撰写祭文。在祭文中,他这样称颂朱熹:所不朽者,垂万世名;孰谓公死,凛凛犹生!

在辛弃疾和朱熹的友谊中,我们看到了辛弃疾对人的真诚,不畏权贵和始终如一的宝贵品格。

第十三章
起帅浙东欲抗金

辛弃疾被再度罢官之后，又整整被闲置了八年！加上之前的十年，也就是说，辛弃疾在自己的青壮年时期，在精力充沛，从政经验丰富的时候，有近二十年的时间没有被朝廷起用，相对于短暂的人生来说，又能有多少个二十年可浪费呢？可是，面对第二次被罢官，辛弃疾还是用他宽广的胸怀，接受了这个沉重的打击。在这八年中，辛弃疾和曾经闲居的那十年一样，整日读书、创作诗词。他读书也和他为人一样，海纳百川，包罗万象。

辛弃疾是两宋词人中创作词作最多的人。词是隋唐时兴起的一种新的文学样式，在宋代达到顶峰,中国有"唐诗宋词"的说法。词又称曲子词、长短句、诗余,是为配合宴乐乐曲而填写的歌诗。诗用以吟咏,词却可以入乐而歌唱。辛弃疾在词的创作上师承苏轼,是"豪放"派的代表。但是,辛弃疾并不只学一家,他是个非常谦虚的人,博览群书,广泛地进行学习和借鉴。他曾经写过一首《丑奴儿近·博山道中效李易安体》:

  千峰云起,骤雨一霎儿价。更远树斜阳,风景怎生图画!青旗卖酒,山那畔别有人家。只消山水光中,无事过这一夏。
  午醉醒时,松窗竹户,万千潇洒。野鸟飞来,又是一般闲暇。却怪白鸥,觑着人欲下未下。旧盟都在,新来莫是,别有说话?

作者标明这首词是"效李易安体",李易安就是李清照,同辛弃疾一样都是山东济南人。不过,李清照是辛弃疾的前辈,比辛弃疾大几十岁。李清照也是著名的词人,前面说过,因为辛弃疾又叫辛幼安,所以人们也把他俩并称为"济南二安"。李清照是婉约派的代表性人物,她的词作清新婉丽,用词明白晓畅,和辛弃疾雄浑健朗的词风完全不同。一个豪放派的词人，却在学习婉约派词人的写法，而且非常坦率地告诉别人我这是在模仿李清照呢，丝毫不怕别人笑话他。这说明辛弃疾的确是个谦虚好学的人。他不但学习李清照，还向古人学习，他苦读《老子》《庄子》，学习陶渊明的诗，和好朋友朱熹探讨理学问题，学习同辈词人的词作，博采众长，他把所学到的这一切融会贯通，创造了自己独特的艺术风格，并影响了一大批词人的创作。

　　辛弃疾不但向书本学习，他还善于观察生活，在一般人看来司空见惯的事情，经他的生花妙笔一写，立刻就成为一首绝妙好词。一天，天气非常晴朗，辛弃疾在村头散步，那里有一条清清的小溪，小溪畔长满青青的草。溪旁有一户人家住在低矮的茅舍里，一对白发夫妻正在喝酒，喝得有点儿醉了，用吴地的口音互相说笑。他们的大儿子在溪东的豆子地里除草，二儿子正在编织鸡笼，就属小儿子活泼顽皮，什么事也不做，趴在溪头，剥莲蓬吃呢。这是乡村里非常寻常的一幕，可是辛弃疾看见后，却立刻被这样朴素、温暖的场景吸引了。他仔细看了很久，回家以后，立刻写下了一首词《清平乐·村居》：

　　　　茅檐低小，溪上青青草。醉里吴音相媚好，白发谁家翁媪?

　　大儿锄豆溪东,中儿正织鸡笼。最喜小儿亡赖,溪头卧剥莲蓬。

　　短短的一首词,就把乡村里一家人和平、温馨的生活和劳动的场景表现出来了。如果辛弃疾不是有心人,如果他的心情天天陷入被罢官的苦恼中不能自拔,他又怎么能够留意到生活中这些点点滴滴的美好细节呢?

　　辛弃疾对自己写的词要求非常严格。有一次,一位好友看了他的一首词之后,批评他说:"你用典故太多了。"

　　辛弃疾听后,非但没有生气,反而高兴地叫起来:"你正好说中我的老毛病啊。"他觉得这个朋友说得特别好,立刻叫家人上酒招待。而自己拿着这首词苦苦思索该如何修改,一想就是好几个月。

　　就在辛弃疾醉心于山水和诗书之中的时候,1203年(嘉泰三年)的夏天,宛如一声惊雷,辛弃疾突然接到朝廷的任命,出任绍兴知府兼浙东安抚使!这时,辛弃疾已经六十四岁。古时候的人寿命没有今天的人这么长,苏轼曾经在一首词中说自己是"老夫聊发少年狂",他自称"老夫"的时候,其实还不到四十岁。辛弃疾都已经六十四岁了,这在当时,

已经算相当大的年纪了。

辛弃疾接到任命后,家人都反对他去上任。瓢泉的风光很美,乡野的生活非常安静,一家人安安静静地生活在一起,倍享天伦之乐。再说了,辛弃疾已经进入老年,他的身体状况并不是很好,常常会生一些小病。一个人远赴浙江,无人照顾,大家都担心他的身体受不了,劝他不要去了。

辛弃疾把家人叫到一起,说:"我知道你们不想让我去,我也很舍不得这个家。不过,朝廷最近出现了一些新的情形。我并不喜欢韩侂胄这个人,但他还是想有所作为的,虽然他这么做多半是为了提高自己在朝臣中的威望。抗金复宋在他看来就是捞取功名的最便利的一件事。我很厌恶别人拿恢复大业沽名钓誉,不过,不管他怎么想,抗金这个目标我们还是赞同的,这也是我盼了几十年的。为了国家,为了祖宗大业,为了天下苍生,我就是拼上这条老命,也要去赴任啊。"

家人知道他心意已决,也就不再说什么,只得挥泪和他告别。

辛弃疾到任之后,和他以往做地方官一样,总是以老百姓的疾苦为重,凡发现有侵害老百姓利益的事情,他总会出来管一管。到了浙东后,他发现有一个贪官,多收了老百姓六十万斛粮食，一百万贯钱。这个贪官把这六十万斛粮食交给了官府，但却说粮食是用那一百万贯钱买来的，于是，贪官就把这一百万贯钱装进了自己的腰包。并且辛弃疾发现类似的事情不在少数，就立刻给皇帝上了一个奏章，陈述地方官吏祸害老百姓的种种罪证。

作为浙东安抚使，辛弃疾还拿出很大的力气为抗金做准备。就在他上任后的这年冬天，金国农民起义烽火四起，政局特别混乱，再加上金国北部边境相邻的蒙古族日渐强大，对金国的安全产生了很大的威胁。金国怕宋朝这时候乘虚而入，还禁止襄阳地区和宋朝的贸易往来。种种情形都表明，金国的国力日渐空虚，宋朝攻打金国的有利时机终于到了。但辛弃疾一贯坚持知己知彼的战略，他招募了一批精明强干的间谍到金国去刺探情报。

这一天，辛弃疾把这批人招来，暗授机宜。辛弃疾年轻时曾经两次到过金国，他记忆力非常好，虽然几十年过去了，但金国的山川地貌、军事要地他都还一一记在心里，他告诉这些间谍重点应该在哪里。

这些人走后，过了些时日，果然从金国带回很多有价值的情报。辛弃疾连夜听了这些人的汇报并按照他们提供的消息绘制了金兵的军事部署图。他把图绘在一段面积很小的绢上，打算找一天献给皇上，好让皇上对金国的军事情况了然于心。这样，皇上在决策的时候，就不会无的放矢。

就在辛弃疾对金国的情况作了充分了解之后，1204年正月里，皇帝突然要召见辛弃疾。

第十四章
皇上召见别陆游

　　大诗人陆游就是绍兴人。辛弃疾和他虽然此前还没有见过面,但两个人都主张抗金,而且都参加过实际的军事斗争,所以早就听说过对方的大名。辛弃疾一到绍兴府,立刻就想去拜访一下陆游。

　　辛弃疾到了陆游府上,发现陆游家在鉴湖旁,鉴湖风景非常美丽,但是陆游的家却十分简陋。那时陆游已经是八十岁的老人,行动已经很不方便。辛弃疾看到一个高龄的大诗人,居然住在这样破旧的房子里,心里感到很难过。他实在没想到大名鼎鼎的陆游,竟然过着这么清苦的生活。辛弃疾马上提出要帮陆游建一幢新的房屋,这样他可以生活得更舒服和方便一些。清廉的陆游很感激辛弃疾,但却拒绝了他的好意,说自己很喜欢生活在这样的草堂茅舍里。辛弃疾听后,愈加感佩陆游的气节。此后,他便经常来拜访陆游,两个人成了好朋友。辛弃疾总是惦记着陆游的房子,几次提出给他盖一所新房子,每次都被陆游婉言谢绝了。他俩在一起最常谈论的话题就是关于如何北伐的事。

辛弃疾去临安面见皇上之前,到陆游家里道别。陆游听说这个消息后,立刻觉得可能会和北伐有关,心里十分高兴。他们兴致勃勃地聊了一会儿,辛弃疾起身告辞,陆游说:"慢,我有东西送你。"

他叫人拿来笔墨,挥毫写下了《送辛幼安殿撰造朝》的长诗,赠给了辛弃疾:

稼轩落笔凌鲍谢,退避声名称学稼。
十年高卧不出门,参透南宗牧牛话。
功名固是券内事,且茸园庐了婚嫁。
千篇昌谷诗满囊,万卷邺侯书插架。

忽然起冠东诸侯,黄旗皂纛从天下。
圣朝仄席意未快,尺一东来烦促驾。

大材小用古所叹，管仲萧何实流亚。
天山挂旆或少须，先挽银河洗嵩华。
中原麟凤争自奋，残虏犬羊何足吓。
但令小试出绪余，青史英豪可雄跨。
古来立事戒轻发，往往谗夫出乘罅。
深仇积愤在逆胡，不用追思灞亭夜。

"殿撰"是官名，指辛弃疾在宋孝宗、宋光宗两朝曾做过古文殿、集英殿修撰。"造朝"就是要到都城临安去的意思。在这首诗中，陆游感慨辛弃疾这样一个文武双全的人物却长期被朝廷闲置。他觉得辛弃疾的才能和春秋时的政治家管仲、西汉时著名的丞相萧何一样，即便是当了浙东安抚使，这样的官职对辛弃疾来说仍然是大材小用。他觉得如果把北伐的事业交给辛弃疾，他一定能够收复失地，完成恢复大业。最后四句，他语重心长地嘱咐辛弃疾，做事情不要轻举妄动，要防备那些造谣中伤的小人。

虽然辛弃疾和韩侂胄关系不和，但不要斤斤计较个人的恩怨，因为对付金国才是大家共同的目标。"灞亭夜"借用了汉朝李广的一个典故。李广是汉朝的将军，有一次他因为犯了罪从将军变成了普通老百姓。一天夜里，他和朋友喝过酒之后回家，经过灞亭，遭到了管理灞亭的一个小官吏的呵斥。李广的朋友看不下去，就跟那小官吏说："这可是从前的李将军啊！"那个小官吏冷笑一声回答道："就是现在的将军也不能夜里过灞亭，别说是从前的将军了。"后来李广做了太守后，就把那个小官吏给杀了。陆游引用这个典故，意在提醒辛弃疾，不要把过去的恩恩怨怨记在心上，要以国家社稷为重，要有宽广的胸怀。

辛弃疾恭恭敬敬地接过长诗，感激地说："您老的一番劝诫说得非常对，如果不是肝胆相照的好朋友，是不会说这一番话的。我一定把您老人家的教诲铭记在心。"

辛弃疾别过陆游之后，来到临安，面见皇上。果然，皇上正是针对如何进军金国向他问计。辛弃疾不是那种讨好逢迎的人，他还是以前那种直来直去的风格。他跟宋宁宗分析了金国的形势，认为金国必乱必亡。但是，北伐不可仓促行事，一定要把这件大事托付给可靠的朝中重臣，事先做好充分准备，然后见机行事。

其实，北伐的事，韩侂胄和他的党羽们早就定下来了，因为这是他们赢得功名的一个捷径，至于准备充分不充分，他们才不会想那么多，因为这批人根本不懂军事，更不可能像辛弃疾那样深谋远虑。他们虽然重新起用辛弃疾，却并不

肯重用他，生怕事成之后，抢了他们的功劳。

皇帝召见辛弃疾之后，任命他为宝谟阁待制，还给了他一个"提举佑神观"的空名头，把他的浙东安抚使的官职给解除了。1204年三月，辛弃疾被派往镇江做知府。虽然一个小小的镇江知府，被排除在了北伐事务的核心层外，但辛弃疾还是积极地开始筹备北伐事宜。他了解朝廷的军队，这么多年来都没有系统地训练过，也没有像样的武器，靠这一群乌合之众去打仗，必败无疑。所以，他一到镇江任上，就立刻招募勇士，想训练一支精兵强将。可是，辛弃疾的悲剧命运又一次重演了。过了不过一年多，1205年（开禧元年）的秋天，他被调离镇江，到隆兴府去任知府，可隆兴府还没去呢，又遭弹劾，官被免了，辛弃疾只好返回江西铅山去了。

辛弃疾对韩侂胄的轻敌冒进感到非常忧虑。他在镇江的时候，有一次，登临京口北固亭，京口是三国时孙权设置的重镇，并一度成为都城，也是南朝宋武帝刘裕生长的地方。面对着大好河山，辛弃疾抚古思今，写下了流传千古的《永遇乐·京口北固亭怀古》：

千古江山，英雄无觅孙仲谋处。舞榭歌台，风流总被雨打风吹去。斜阳草树，寻常巷陌，人道寄奴曾住。想当年，金戈铁马，气吞万里如虎。

　　元嘉草草，封狼居胥，赢得仓皇北顾。四十三年，望中犹记，烽火扬州路。可堪回首，佛狸祠下，一片神鸦社鼓。凭谁问，廉颇老矣，尚能饭否？

孙权以小小的一块江东之地抗衡曹刘，形成了三国鼎立的局面。刘裕以京口为基地，从势单力薄走向壮大，取代了东晋政权，他曾两次北伐，收复黄河以南大片故土。孙权和刘裕都是建功立业的英雄。相比之下，苟且偷生的南宋王朝是多么令人失望。

"元嘉草草"指的是南朝宋文帝刘义隆急于事成，仓促北伐，结果在元嘉二十七年大败而归。用这个典故，实际上，辛弃疾就是在沉痛地告诫南宋朝廷北伐一定要慎重。想当年，元嘉北伐，由于草草从事，想要"封狼居胥"，却只落得"仓皇北顾"。

辛弃疾是在四十三年前，即绍兴三十二年（1162年）率众南归的。当时，扬州一带烽火连天，现在却一片安宁祥和的景象，人们似乎忘了丧国之痛，丝毫也没有备战的准备。他本来想挑起北伐的重担，却事与愿违，根本得不到重用。

辛弃疾的担忧很快变成了现实。

1206年春天,一场还没有准备好的北伐战争开始了。一开始,宋兵获得了小小的胜利。五月初七,宋宁宗正式下诏伐金。当时,宋军北伐主力军分布在江淮和四川两翼,邓友龙任两淮宣抚使,程松为四川宣抚使,吴曦为副使,他们分别负责东西两线的战事,彼此互相照应。没想到风云突变,吴曦叛变了。金兵在西线无后顾之忧后,集中精力打击东线的宋军。宋军在东线接连战败。吴曦不久便受金封为蜀王,他的无耻行为遭到了军民的强烈反抗,部属杨巨源、李好义等联合军民斩杀了吴曦。这当然除掉一害,但西南的军事实力还是因为吴曦的叛变而大大削弱,无法支援东南的战争了。

宋兵因为大都是没有经过军事训练的农民,他们根本没有打仗的经验,更没有战斗力,加上韩侂胄任用的将帅也并非善于打仗之人,溃败几乎是意料之中的事情。前方全线告急,朝中的大臣们慌了手脚,他们纷纷指责韩侂胄,认为是他惹起祸端。韩侂胄面临的压力非常大,面对残局不知道怎么收拾,这个时候他又想起了辛弃疾。朝廷紧急召见辛弃疾后封他兵部侍郎的官职。这个时候,辛弃疾已经完全看透了韩侂胄的为人,再也不上当受骗了。他很愤慨地跟朋友们说:"韩侂胄既然不肯和我共立功业,我为什么要为了他的私心去求取什么功名富贵呢?"

辛弃疾一生都不忘恢复大业，用他自己的话说，是为祖宗，为社稷，为生民，而不是为了满足自己的名利之心。在这一点上，他和韩侂胄是背道而驰，南辕北辙。

看透了这一点之后，辛弃疾知道自己无法在北伐事业中建功立业，更无法实现自己远大的恢复故土的志向，他不过是韩侂胄用来收拾烂摊子的一枚棋子而已，招之即来，挥之即去。韩侂胄丝毫不顾及自己的人格尊严。

这一次，辛弃疾的心彻底地凉透了，他便一而再，再而三地向朝廷请辞，又从杭州回老家去了。

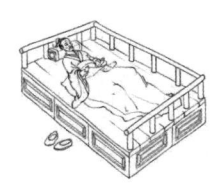

第十五章
男儿到死心如铁

随着宋兵的节节败退,宋宁宗慢慢意识到打仗真不是件好玩的事,金国虽然国力已经大不如以前,但瘦死的骆驼比马大,国内局势一片混乱的金国,打起南宋来却是绰绰有余。宋宁宗的作战意志开始动摇,朝中的投降派加紧活动。六月,投降派秘密派人到金营去试探求和的条件。金国的统治者一看宋朝主动来求和,就知道宋廷已经走投无路,他们非常傲慢无礼,不但提出了苛刻的赔偿割地要求,还要他们送上韩侂胄的人头。

韩侂胄知道后自然是暴跳如雷,又要对金国开战。他身边却缺乏一个真正的将帅,他已经厌弃了那种夸夸其谈,只会纸上谈兵的人。情急之下，他又想到了辛弃疾，想到了辛弃疾此前的进言，当时不以为然，现在听来，句句都发人深省，假如当时听他的话，重用他，何致把局面弄到如此地步！

为了应付面前这个棘手的局面，朝廷下诏任命辛弃疾为枢密院都承旨。当诏书到达辛弃疾家中的时候，辛弃疾已经得了重病，躺在床上。

外面狂风大作，乌云密布，不一会儿就电闪雷鸣，下起了瓢泼大雨。辛弃疾的身体已经非常虚弱，可是他的大脑还很清醒，在急促的风雨声中，他看着这份诏书，百感交集。往事一幕一幕涌上脑海，他记起自己年轻的时候，刚刚二十几岁，正是血气方刚的年纪，一挥手就拉起一支队伍，和金兵打起仗来。再后来，他追杀叛徒义端，生擒张安国，那是多么慷慨激昂的岁月。他本想归附南宋之后就能实现抗金复宋的宏愿，没有想到的是，朝廷一直不信任、不重用他。现在，朝廷想起他了，一切太晚了。

不管朝廷信任不信任，他都愿意去带兵抗金，他多么希望自己此刻驰骋在沙场上。一个人要死，也应该死在恢复故土的战场上，而不应该这样躺在床上白白等死啊！上苍没有给他那么长的寿命，他这一生，只能是含恨离去了。一生从未流过眼泪的硬汉，这时，也不得不流下滚烫的泪水。

辛弃疾上书辞掉了任命，因为他连起床的力气都没有了，又怎能上前线？九月十日，六十八岁的辛弃疾怀着深深的遗恨，与世长辞。

这年的十一月三日清晨，准备去上朝的韩侂胄被大臣史弥远和杨皇后等人的阴谋害死。他们按照金国的指示，凿开他的棺木，割下他的头颅献给了金国的统治者，以表示谢罪。韩侂胄这个人在《宋史》中是被放在奸臣传里的，而且他领导的北伐也以失败而告终，但是，我们依旧要辩证地看待这个人。不管他是出于什么个人目的，韩侂胄一生都是力主抗金的，正是在他的坚持下，宋宁宗才为冤死的抗金英雄岳飞平反昭雪，追封他为鄂王。后来又削去汉奸秦桧死后所封的申王，改谥"谬丑"。

关于韩侂胄还流传着这样一则小故事。在他做丞相的时候，曾经请叶适（号水心）到他家做客。这一天，叶适已坐在韩侂胄家的客厅里，忽然，外面有人递上名片求见，名片上的落款是"水心叶适"，满屋子的人一看，不禁大为惊讶。韩侂胄让叶适躲到里屋，然后就接见了这个冒名求见者。见面后，韩侂胄也不戳破他的骗局，只微笑着问他："你过去写的文章，能背诵一两篇给我听吗？"

不承想，那人从容地答道："这些文章都是我年轻时写的，现在，我重新修改过了，丞相愿意听听我修改后的文章吗？"

韩侂胄点点头。那人就一一背诵起来，语句竟比叶适的文章还要精巧得多。韩侂胄惊奇地说："已有一个叶适在这里了，难道天下真有两个相同的子张（孔子的学生）吗？"

那人不客气地回答道："像叶适这样有才华的读书人，多得真是车载斗量，但是，我今天如果不借用叶适先生的大名，您恐怕也不会接见我吧？"

韩侂胄听后，哈哈大笑，并没有怪罪来人，反而很欣赏他的才华，后来还重用了他。从这个小故事里，我们可以看到，韩侂胄还是个爱才惜才的人。他的缺点就是急躁冒进，听不进辛弃疾的正确建议，用人也不当，结果，既耽误了国家大事也赔上了自家性命。

韩侂胄一死，朝廷里的投降派们更是肆无忌惮。在他们的主持下，宋同金签订了屈辱的和约——宋朝皇帝要称金统治者为伯父，每年还要贡给他们银三十万两，绢三十万匹，另外，还要犒赏金国军费三百万两。

如此奇耻大辱的和议南宋朝廷居然也能接受，可见已经腐败到骨头里了。收复中原失地的梦想再也无从提起。

辛弃疾的一生是坎坷多难、壮志难酬的一生。还是在

1205年（开禧元年）的春天，那时辛弃疾正被降官，恰好一位远方弟弟也被贬，路过京口的时候，顺道来看他。辛弃疾写下了《永遇乐·戏赋辛字送茂嘉十二弟赴调》：

烈日秋霜，忠肝义胆，千载家谱。得姓何年，细参辛字，一笑君听取。艰辛做就，悲辛滋味，总是辛酸辛苦。更十分，向人辛辣，椒桂捣残堪吐。

世间应有，芳甘浓美，不到吾家门户。比著儿曹，累累却有，金印光垂组。付君此事，从今直上，休忆对床风雨。但赢得，靴纹绉面，记余戏语。

虽然是一篇游戏之作，但是也能看出辛弃疾内心的悲愤和痛苦。他的一生，的确正如他的姓氏"辛"一样，充满了艰辛痛苦。但是他强烈的爱国主义情怀和他的盖世才华，让他成了中国古代文学史上最伟大的文学家之一，影响了一代又一代的后人。有评论者说他"才情富艳，思力果锐，南北两朝，实无其匹，无怪流传至广且久也"。辛弃疾的词在当时传播得很广。大家都以得到他的词作为荣。在宴会上，当他挥毫之时，往往他还没有写完，在座的客人就开始争抢起来。因为他的词作受欢迎，竟有人冒名顶替，用他的名字写词，结果作品一样大受青睐。辛弃疾对南宋后来的词人有着巨大影响，这些后来的词作家纷纷模仿辛弃疾的词作，在南宋词坛上刮起一阵"稼轩风"。

辛弃疾的一生志在恢复宋朝江山，其九死犹未悔的坚强不屈的精神也激励了一代又一代的中国人，尤其是在国家面临危难的时候，很多仁人志士都把辛弃疾作为榜样，砥砺自己。南宋末年，出生于信州的爱国人士谢枋得是南宋著名的文学家，曾经组织了几十个志同道合的人，一同来到辛弃疾祠堂，面对着这位英勇不屈的先辈，立誓要继承辛弃疾的遗志。

1275年，元兵大举攻宋。在国家危急关头，谢枋得挺身而出，不顾身家性命，积极抗战。朝廷先后任命他为江东提刑、江西招谕使等职。1276年正月，元军攻进江东地区，谢枋得率兵与元军展开了一场血战，终因孤军无援而失败。五月，南宋景炎帝即位，谢枋得被任江东制置使。于是，他再次招募军队，继续和元兵作战，终因寡不敌众而失败。元朝统一中国后，由于谢枋得的崇高威望，元朝廷多次派人来诱降，但都被谢枋得拒绝。后来他被元兵抓到元朝的都城大都也拒不降元，最终绝食而死。

辛弃疾虽然已经离世，但他的精神却烛照千代，他的那种刚正不阿的气节,还继续在谢枋得和其他的仁人志士的血液里流淌着。而在我们中华民族几千年的发展史上,虽然也有一些投敌卖国的软骨头,但是,他们从来湮没不了像辛弃疾这样的民族脊梁,遮蔽不了他们的熠熠光辉。